LAS REGLAS
DEL FLUJO
DE GOLDRATT

EFRAT GOLDRATT-ASHLAG

LAS REGLAS DEL FLUJO DE GOLDRATT

DE GOLDRATT

EFRAT GOLDRATT-ASHLAG

The North River Press Publishing Corporation

Apartado de correos 567

Great Barrington, MA 01230

(800) 486-2665

northriverpress.com

Para más información sobre las ideas presentadas en este libro, visite www.goldrattgroup.com

Copyright © 2024 Goldratt1 Ltd.

Ilustraciones: Chen Litman

Diseño de portada: Addi Cohen-Ziv

Fotografía: Roni Sofer

Traducción: Mina d'Escriván y Javier Arévalo

ISBN: 978-088427-211-3

≡ **Índice** ≡≡≡≡≡≡≡≡≡≡≡≡≡≡≡≡≡

*Mejorar el flujo es el objetivo
primario de toda operación.*

Dr. Eliyahu Goldratt
Sobre hombros de gigantes, 2008

Introducción

El Dr. Eli Goldratt escribió su primer libro, *La Meta*, para presentar su pensamiento innovador en la mejora de las operaciones.[1] Goldratt afirmaba que la creencia común es que, si cada máquina se utiliza al máximo, toda la operación será eficiente. De esta forma, los gerentes intentan maximizar la eficiencia de todas y cada una de las máquinas y puestos de trabajo. Esto supone un gran esfuerzo, pero desafortunadamente no da los resultados deseados. En lugar de eso, los gerentes deben observar toda la operación, identificar los cuellos de botella y enfocarse únicamente en su productividad. Lo llamó el óptimo global versus el óptimo local. *La Meta*, escrita como una novela de negocios accesible, se convirtió en un best seller mundial y se le conoce como su introducción a la Teoría de Restricciones (T.O.C., por sus siglas en inglés). Aunque muchos de los conceptos claves de la aplicación de T.O.C. en las operaciones se desarrollaron posteriormente, los fundamentos no cambiaron. De hecho, *La Meta* es tan relevante hoy como lo fue hace cuarenta años.

La gerencia de proyectos es intrínsecamente diferente de la producción. En primer lugar, los proyectos no son tan repetitivos como en producción. Cada proyecto es diferente y, por tanto, implica mucho más riesgo. Goldratt se dio cuenta de que las personas que trabajan en proyectos cometen el mismo error básico: gestionan el riesgo localmente en lugar de mirar el todo. Tienden a proteger cada actividad, no al proyecto completo, y del modo en que lo hacen, la protección que incorporan está destinada a desperdiciarse. Goldratt llamó Gerencia de proyectos de cadena crítica (CCPM, por sus siglas en inglés) a esta nueva aplicación de la Teoría de Restricciones y para introducirla escribió otra novela de negocios: *Cadena Crítica²* que, originalmente, incluía la planificación de proyectos y la gerencia de amortiguadores. El supuesto básico en la gerencia de amortiguadores es sencillo: dado que los proyectos se retrasan debido a demoras inesperadas, los gerentes deben utilizar amortiguadores de tiempo para protegerse de estos retrasos. Para proteger todo el proyecto, el amortiguador principal debe colocarse siempre al final del proyecto.

Con cada vez más implementaciones en todo el mundo, CCPM demostró ser una técnica excelente para la gestión de proyectos. A medida que las implementaciones aumentaban, Goldratt notó que había un problema. La técnica reflejaba claramente el estado del proyecto, pero a menudo también ponía de manifiesto que los amortiguadores ya se habían consumido y que el proyecto se retrasaría. Al principio, pensó que era cuestión de descifrar los detalles. Tanto él como tantos otros se esforzaron mucho en averiguar cómo escalonar las tareas, dónde colocar los amortiguadores y cómo calcular mejor su tamaño, etcétera. Los resultados fueron más o menos los mismos. Goldratt empezó a sospechar que no se trataba de los detalles; el supuesto básico estaba equivocado. Antes de consumir los amortiguadores, el caos en los proyectos era tan grande que todo lo que las personas podían hacer cuando las cosas iban mal era culparse mutuamente. Pero ahora, monitorear los amortiguadores proporcionaba una claridad que no se tenía antes. Goldratt pudo examinar el origen de las interrupciones que consumían a los amortiguadores y lo que descubrió fue realmente revelador. El tiempo en los proyectos se malgastaba no sólo por retrasos inesperados, sino sobre todo por obstáculos inherentes que ralentizaban el flujo de los proyectos. Fue una revelación asombrosa. Ya no se trataba de afinar la gestión de los amortiguadores, sino de desarrollar un nuevo cuerpo de conocimientos.

Pasaron los años y Goldratt continuó desarrollando la Teoría de Restricciones y escribiendo más libros, al tiempo que investigaba el concepto de flujo. Siempre que hablaba de sus libros, decía que algún día sustituiría *Cadena Crítica*; lo reescribiría para introducir sus nuevos aprendizajes. En 2008, con motivo del 25.° aniversario de *La Meta*, escribió *Sobre hombros de gigantes*.[3] Este artículo analiza los orígenes de enfocarse en la aceleración del flujo para mejorar el desempeño en las operaciones.

Por esa misma época, publicó el análisis estratégico y táctico de la gestión de proyectos, su obra más completa sobre el tema. Aunque trataba principalmente sobre CCPM, las dos reglas principales del flujo —controlar el trabajo en proceso (WIP, por sus siglas en inglés) y el kit completo— ya desempeñaban un papel clave. Las personas le preguntaban si por fin había llegado el momento de reescribir *Cadena Crítica*. Su respuesta era que estaba ocupado escribiendo otro libro, y así era. Estaba escribiendo *La Decisión*,[4] su libro de filosofía de vida, conmigo, su hija. Pero la verdadera razón era que sentía que aún no había terminado de descubrir las reglas del flujo y de asegurarse de que aplicarlas acortaría los tiempos de entrega hasta el punto en que ya no sería necesario recomendar el uso de amortiguadores. Necesitaba un poco más de tiempo, pero no lo tenía. Después de su fallecimiento en 2011, los expertos en T.O.C. de Goldratt Consulting y sus filiales continuaron con su trabajo.

Mi padre me dejó a cargo de sus libros; de administrar los derechos de autor, las ediciones especiales y otros asuntos relacionados con más de treinta editoriales de todo el mundo. Después de más de una década de implementaciones de gran éxito de las reglas del flujo, y veinticinco años después de la publicación de *Cadena Crítica*, creo que ha llegado el momento de ocuparme del libro; el libro que él deseaba escribir, pero no pudo. Cuando mi padre escribió *La Meta* yo aún estaba en la escuela primaria. Pero desde su segunda novela de negocios, tuve el privilegio de formar parte de su círculo íntimo, asistiéndolo en su escritura. Conozco muy bien su estilo de escritura y sé cómo le habría gustado que se escribiera este nuevo libro. No es una reescritura, sino un libro totalmente nuevo que rinde homenaje al original.

Larry Gadd, editor y redactor de mi padre desde hace muchos años, se ofreció a editar y a publicar el libro. Kevin Foster, mi colega y amigo, aportó valiosas ideas. Pero había un problema. Como psicólogo organizacional, vivo en la frontera entre el individuo y las organizaciones, y mi enfoque siempre ha sido el éxito personal. Aunque llevo años enseñando los procesos de pensamiento de la Teoría de Restricciones y practicando su aplicación en el individuo, mi formación en la aplicación en la gestión de proyectos era teórica. Mi esposo, el Dr. Yishai Ashlag, el Dr. Ajai Kapoor y Yossi Reinhartz intervinieron para llenar los vacíos. Gracias a sus amplios conocimientos y experiencia (y mucha paciencia...), todos y cada uno de los ejemplos de este libro se basan en casos reales.

Dra. Efrat Goldratt—Ashlag

1

El panorama completo

Isaac Wilson, propietario de Wilson Advanced Solutions, está sentado en su escritorio mirando el correo electrónico en la pantalla del computador. Hay algunos términos legales sobre un servicio deficiente y el incumplimiento de los términos acordados, y la última línea que dice: «No utilizaremos más sus servicios».

Es un golpe duro.

El correo electrónico es de Doolen, uno de sus mejores clientes. Una empresa grande que lleva más de quince años haciendo negocios con ellos y a quienes les han proporcionado algunas soluciones brillantes. No pensó que llegarían a esto. Doolen debería haberse quedado con ellos. Leyó el correo electrónico una y otra vez. Si perdían a Doolen, el mensaje estaba escrito; y muy claro.

Isaac está orgulloso de la empresa familiar que fundó hace más de tres décadas. Pero los tiempos cambian, las cosas ya no son como eran antes y él no está bien. Hace tiempo que le diagnosticaron la enfermedad y necesita poner sus asuntos en orden. No le dejará a su familia un barco que se hunde.

Marc sale del gimnasio con el cabello aún húmedo de la ducha. Echa un vistazo al teléfono y se da cuenta de que tiene una llamada perdida de su padre. Debería pasar por su oficina y ver de qué se trata. Es temprano, pero el sol ya está que arde y Marc está sudando cuando llega a su todoterreno. Agosto acaba de empezar y parece que va a ser un mes largo.

—Buenos días, papá —dice Marc desde la puerta.

Isaac levanta la mirada.

—Adelante. —Hace un gesto hacia la silla frente a su escritorio—. Tenemos que hablar.

Marc Wilson tiene treinta y dos años, es alto y atlético. Tiene la mitad de la edad de su padre, pero es su vivo retrato en todos los demás aspectos. Para deleite de Isaac, Marc se incorporó a la empresa justo después de obtener su título en ingeniería. Fue ascendiendo hasta llegar a dirigir los equipos de integración y de soporte, y hace un par de años Isaac lo puso al frente de su orgullo: el departamento de ingeniería.

—¿Conseguiste hacer las paces con Doolen? —pregunta Marc.

—Me temo que los perdimos —dice Isaac—. Entregamos demasiado tarde.

—Maldita sea. Se nos pasó la fecha de entrega final solo por un mes más o menos.

Isaac se dice a sí mismo: «Calma, calma».

—Te refieres a la fecha de entrega final, final. La que presionamos después de conseguir dos prórrogas de la fecha de vencimiento original. —Luego añade—: Y no es la primera vez que les fallamos.

—¿Y no pudiste hacer nada? —insiste Marc—. Estamos trabajando en otros tres proyectos más para ellos.

Isaac no quiere entrar en detalles, aunque el presidente de Doolen, ahora su amigo, en su última reunión le había dado una buena reprimenda.

—Les causamos un serio retraso en la puesta en marcha de su nueva línea de producción. Han decidido no seguir trabajando con nosotros.

Isaac se prepara. Esta conversación no va a ser fácil, no importa cómo lo haga.

—¿Cómo vamos con los otros proyectos?

Marc no quiere comprometerse.

—Estamos trabajando tan duro como podemos.

Isaac no está contento con la respuesta.

—¿Vamos a cumplir con las fechas de entrega de la B120 y la P831?

Estos proyectos son para otros dos clientes importantes, y ambos deben entregarse el mes que viene.

—Ahora aceleraremos el ritmo con ellos —responde Marc —. Todos pusimos manos a la obra para ayudar con el proyecto de Doolen.

Isaac suspira. Apurarse por terminar los proyectos en el último momento se ha convertido en la norma y cada vez incumplen más y más fechas de entrega.

Isaac sabe lo difícil que es dirigir el departamento de ingeniería. Lo dirigió desde el principio, hasta que Marc lo sustituyó. Marc se había ganado su respeto por las ideas innovadoras que se le ocurrían y por su capacidad para dirigir a los demás ingenieros en direcciones prometedoras. En el fondo, Isaac esperaba que a Marc también se le ocurriera algún tipo de milagro para gestionar el departamento de forma más eficiente, pero no parece ser el caso.

—Que se vaya Doolen es un duro golpe —insiste Isaac—, y no son los primeros que se van.

—Las expectativas de los clientes no son nada realistas —responde Marc—. Sabes que estos tiempos de entrega son demasiado cortos.

—Marc, ya nos estamos comprometiendo a entregar en seis meses en lugar de cinco. No podemos posponer más las fechas de entrega.

Marc sabe que su padre tiene razón. Sus clientes no tolerarán tiempos de entrega más largos. Simplemente se irán con la competencia. No es suficiente tiempo, pero tendrán que hacer que funcione.

—Entendido —dice Marc—, aunque no tiene ni idea de cómo pueden hacerlo mejor.

—Me temo que no —responde Isaac—. Tenemos que ver el panorama completo.

—¿El panorama completo? —Marc levanta una ceja.

Isaac se toma su tiempo antes de responder. Recuerda cómo abrió el negocio en el viejo almacén en las afueras de la ciudad, utilizando sus conocimientos de ingeniería y su experiencia en *software* para conectar cámaras y otros sensores a brazos robóticos industriales. A lo largo de los años, se mantuvieron a la vanguardia de los rápidos avances de la tecnología y del *software*. La pequeña empresa se ganó su reputación conceptualizando, personalizando, produciendo e integrando soluciones de automatización de vanguardia. Mantuvo al departamento de ingeniería, así como a la mayoría de los demás departamentos, en la ciudad. Producción se trasladó al sureste hace unos años, cuando abrieron allí su segunda sede. Isaac sabe que su hijo está acostumbrado a ver las cosas desde el punto de vista de su departamento, pero ahora necesita que vea el panorama completo.

—Los tiempos de entrega más largos y la contratación de más empleados agotaron nuestros márgenes, las ganancias disminuyeron y eso afecta negativamente la valoración de la empresa. Nuestra amplia base de clientes y nuestra reputación también influyen mucho en el valor de la empresa, y ambas están en peligro. Con la creciente competencia y las grandes empresas apoderándose del mercado, tenemos que afrontar el hecho de que estamos luchando por mantenernos al día.

Marc está desconcertado.

—No estoy seguro de qué más quieres que haga.

—No creo que haya mucho más que puedas hacer, hijo —dice Isaac con el corazón encogido—. Por eso voy a empezar a buscar un comprador.

2

No se pueden incumplir las fechas de entrega

Marc intenta discutir, pero su padre no lo escucha. Sale del despacho de su padre y pasa junto a Sophia, la gerente de la oficina, que acaba de entrar. Sophia es una madre soltera de unos cuarenta años que lleva muchos años dirigiendo la oficina de su padre. Normalmente, se detendría para preguntarle cómo le va a ella y a su hijo adolescente. No quiere ser grosero, pero no tiene ganas de hablar en este momento.

Se dirige a la sala de conferencias. Necesita espacio para moverse y su oficina no es lo bastante grande. Marc tiene un nudo en el estómago. ¿Qué diablos le está pasado a su padre? Se pregunta si su hermana está al tanto. Debería llamarla. Pensándolo bien, no le gusta mucho hablar con la mandona de su hermana. De momento, intentará lidiar con su padre él solo. Si quiere tener la oportunidad de retomar la discusión con su padre, no puede incumplir las fechas de entrega de estos dos importantes clientes. Le envía un mensaje de texto a Abbie y a Kyle, los ingenieros a cargo de estos proyectos, para que se reúnan con él.

—¿Qué pasa, Marc?

El primero en llegar es Kyle, un brillante ingeniero veinteañero con excelentes dotes de gestión. A pesar de su juventud, Marc le ha ido dando más responsabilidades y lo nombró director de este importante proyecto.

—Tenemos que cumplir el plazo de entrega del B120 —dice Marc, refiriéndose al proyecto a cargo de Kyle.

—Pide otra fecha que nos dé unas semanas más, y la cumpliremos —Kyle no pierde la oportunidad.

—No vamos a pedir unas semanas más. Tenemos que entregar a tiempo.

—Bueno, no lo vamos a lograr. Sabes que no todo es culpa nuestra. Cambiaron los requerimientos cuando íbamos a mitad de camino. No vamos a cumplir con la fecha de entrega.

—No podemos dejar que eso ocurra. —Marc ve a Abbie en la puerta y pone al día a los dos gerentes de proyecto.

—Hemos perdido a Doolen. No podemos darnos el lujo de que se molesten más clientes.

—Caramba. Esas son malas noticias —dice Abbie.

Los hombres observan a Abbie mientras elige una silla y se une a ellos. Es bajita, un poco gordita, con el pelo negro hasta los hombros y los ojos azules y almendrados. Abbie es su experta en mecánica y su mejor gerente de proyectos. Estaba a cargo de los proyectos de Doolen y de algunos otros, incluido el P831 que tienen que entregar muy pronto.

—Lo siento, Abbie. Sé que hiciste todo lo que pudiste —dice Marc.

Kyle, velando por sus propios intereses, dice:

—Entonces dame a la gente que estaba trabajando en los proyectos de Doolen.

—No hay problema —dice Abbie—, pero no cuentes con que sean de mucha ayuda. Ya están abrumados con demasiados proyectos, incluido el P831.

—¿Quizás le podemos asignar un par de ellos a Kyle? —se pregunta Marc en voz alta—. Es sólo por unas semanas.

—Eso prácticamente garantiza que nos retrasaremos en las otras cosas en las que están trabajando —dice Abbie en voz baja—. Tenemos que conseguir más gente.

—Ya lo intentamos hace un año —dice Marc—. Conseguimos más presupuesto y contratamos a buenos ingenieros. Aumentamos la nómina un diez por ciento y... y no pareció hacer ninguna diferencia.

Marc sabe que tienen que arreglárselas con lo que tienen. No pueden contratar a más gente porque los números no dan.

—Bien —se encoge de hombros Kyle—. Déjame contactar al cliente y pedirle que eliminen algunas especificaciones.

«Aquí vamos de nuevo», piensa Marc. «Cumplir con los plazos de entrega, ajustarse al presupuesto y entregar el proyecto completo. Es lo mismo de siempre. Todo el mundo sabe que, cuando empezamos un nuevo proyecto, nuestro objetivo es conseguir estos tres requisitos, pero a medida que el proyecto avanza, acabamos teniendo que elegir. Si queremos cumplir con uno de ellos, terminamos cediendo en uno o dos de los otros. Es la realidad de los proyectos. Siempre ha sido así». Sólo que ahora no puede permitirse transigir en ninguno de ellos.

—Escucha, no podemos arriesgarnos a perder más clientes. Tenemos que hacerlo mejor. Cueste lo que cueste.

—No sé cuánto más podremos aguantar —Kyle está cansado—. Ya dedicamos muchas horas. Prácticamente vivimos aquí.

—Ya terminamos, ¿verdad? —pregunta Abbie.

—Sí.

—Será mejor que les diga que dejen de trabajar en los proyectos de Doolen —dice mientras se levanta.

Kyle se está tomando su tiempo. Está agotado y no merece la pena. La empresa parece tener problemas y él no quiere manchas en su inmaculado currículum. Pero quiere seguir en buenos términos con los Wilson. Se han portado bien con él y puede que necesite referencias.

—Marc, ¿puedo hablar contigo? —dice Kyle después de que Abbie sale de la sala de conferencias—. Llevo tiempo queriendo hablar contigo, y quizás ahora es el momento oportuno.

—¿Hablar conmigo de qué?

—La cosa es que tengo otra oferta. Una que es demasiado buena para dejarla pasar. Así que, por favor, compréndelo, pero quiero darte mi preaviso de cuatro semanas.

3

Reevaluando

Marc trabaja hasta tarde casi todas las noches, pero es viernes por la noche y necesita un descanso. Conduce hasta el centro y entra en un bar de lujo. Mientras se acerca a un taburete vacío, se da cuenta de que hay bastantes mujeres guapas. Hace tiempo que no sale con alguien. Echa un vistazo al lugar y se da cuenta de que las mujeres están en grupo, riendo y divirtiéndose. No quiere molestar. Conocer a una chica en un bar no es tan fácil como parece, y no soporta el deslizar a la derecha o a la izquierda de las aplicaciones de citas.

El camarero se acerca a Marc y lo sorprende mirando la estantería del *whisky*.

—¿Por qué no te das un buen gusto? —dice el camarero, mientras alcanza un *whisky* de pura malta de catorce años.

—Puede que sí —responde Marc, y se sumerge de nuevo en sus pensamientos.

Este no era el plan en absoluto. Nunca pensó que acabaría solo. Se incorporó a la empresa familiar después de graduarse y se dedicó por completo al trabajo. Las largas jornadas de trabajo y los frecuentes viajes para visitar a los clientes hacían que el tiempo volara, pero se sentía solo. Seguía aplazando sus planes de conocer el mundo. Nunca era el momento adecuado para tomarse un descanso del trabajo. Ni siquiera obtuvo el título de negocios que deseaba. Y ahora parecía que todo ese esfuerzo no iba a dar sus frutos. No llegaría a ser el director de la empresa familiar, sencillamente porque no habría una empresa familiar.

Marc toma otro sorbo de *whisky* y siente el cálido licor deslizándose suavemente por su garganta. No va a rendirse. Encontrará la manera de hacer cambiar de opinión a su padre. ¿Pero entonces qué? Por mucho que odie admitirlo, puede que su padre tenga razón.

«No eres de los que se rinden», se dice Marc, y levanta la vista. El camarero pone unos aperitivos apetitosos delante de la pareja sentada a su izquierda. Se quedará en la empresa y dará lo mejor de sí, pero también tiene que empezar a pensar en sí mismo.

«¿Por qué no te das un capricho?», piensa. «¿Por qué no?» Por razones obvias, tendrá que posponer su sueño de hacer senderismo por Australia. Pero, ¿quizá sea el momento de obtener la Maestría en Administración de Empresas (MBA, por sus siglas en inglés)? Lleva tiempo pensando en ello. Puede ir a la universidad local, así no tiene que salir de la ciudad.

Tienen clases de fin de semana cada dos semanas, por lo que no interferirá mucho con el trabajo. Eso es, se inscribirá en el MBA para ejecutivos. Le gusta cómo suena. La empresa lo pagará. Su padre le debe al menos eso.

—Sírveme otro —le dice al camarero—. Me estoy dando un gusto.

4

Efectos indeseables en entornos multiproyectos

Llega septiembre y comienza el año académico. Rick entra al salón de clase y deja su bolsa de cuero en el escritorio del profesor. El curso Las reglas del flujo del MBA para ejecutivos es su favorito. Desde que empezó a impartir este curso hace más de diez años, ha adquirido mucha experiencia en la materia y el material ha evolucionado bastante, pero la primera clase sigue siendo la misma.

Mira a su alrededor. Hay unos veinte alumnos en el aula y, como de costumbre, la primera fila está vacía. Todos están callados, salvo un pequeño grupo al fondo que está demasiado ocupado hablando para darse cuenta de que la clase está a punto de empezar.

—Soy el Profesor Richard Silver, ¿y tú eres? —Rick

intenta captar la atención de la mujer que habla al fondo. Tiene unos anteojos grandes y el cabello negro y grueso recogido en una cola de caballo.

—Kiara Srini. —Se vuelve hacia Rick y se sienta—. Lo siento —se disculpa.

—¿Por casualidad trabajas en un entorno multiproyecto? —le pregunta Rick.

Desde el primer momento los alumnos se dan cuenta de que tiene un estilo de enseñanza diferente.

—Podría decirse que sí. —Sonríe y señala a los otros dos de su grupo—. Trabajamos para la división de tecnología e información (TI) de un banco. —Continúa como si estuviera acostumbrada a dar explicaciones—. Nuestra división desarrolla y mantiene todas las necesidades informáticas del banco. Todo lo que los empleados y los clientes del banco hacen en línea.

—Perfecto —dice Rick—. Los departamentos de informática tienen mucho que mejorar.

Es bueno que haya traído refuerzos. Se vuelve hacia el resto de la clase.

—¿Quién más trabaja en un entorno multiproyecto?

El aula está en silencio. Rick mira a su alrededor. Nadie se ofrece como voluntario.

Finalmente, una mujer elegante, perfectamente maquillada y sin un cabello fuera de lugar, la única persona sentada en la segunda fila, pregunta:

—¿Puede explicarnos a qué se refiere con «multiproyecto»?

—Claro. —Rick se alegra de que pregunte. —¿Y tú eres?

—Shonda James.

Rick sabe que las definiciones académicas no van a ser de mucha ayuda, así que responde con una pregunta:

—¿Estás involucrada en más de un proyecto que comparte recursos comunes?

—Creo que sí —responde—. Trabajo en *marketing*. Mi departamento se encarga de lanzar todas las campañas de los nuevos productos de la empresa.

—Excelente.

—Me llamo Ted y soy el gerente general de una empresa de construcción —dice un pelirrojo pecoso en la esquina—. Trabajamos en varios proyectos en paralelo y hacemos malabares compartiendo algunos recursos entre ellos.

Alguien hace un comentario sarcástico sobre contratistas y malabarismos que Rick decide ignorar.

—Definitivamente multiproyecto. ¿Quién sigue?

Pronto se hace evidente que casi todos en la clase están involucrados de una manera u otra en múltiples proyectos. Kiara y sus compañeros de TI; Ted en construcción; Shonda en *marketing*; Marc, que dirige el departamento de ingeniería de la empresa familiar; y un grupo de chicos bastante jóvenes con camisas de franela a cuadros que trabajan en una empresa de *software* local. Rick está familiarizado con los increíbles sueldos y beneficios que obtienen hoy en día los jóvenes programadores. Quizá esta maestría sea una bonificación o algo así.

«Bien», se dice Rick. «Esta diversidad lo hará interesante. Podemos empezar».

Rick saca un rotulador de su bolso y escribe lo más alto que puede en la pizarra: «Efectos indeseables en la gerencia de proyectos». Podría haber escrito: «Cosas que te molestan habitualmente», pero es importante sonar académico.

Se vuelve hacia la clase.

—Kiara, ¿podrías contarnos de qué se trataba la acalorada discusión de antes? —El grupo era bastante ruidoso, y Rick había oído lo suficiente como para darse cuenta de que estaba relacionado con el trabajo.

El colega de Kiara que está sentado a su izquierda responde:

—Tenemos un problema con el que llevamos luchando un tiempo, y el equipo de Kiara probablemente podría resolverlo en una semana. Pero dice que no tienen tiempo para ayudarnos.

Kiara explica en tono de disculpa:

—Mi unidad diseñó la infraestructura de la versión actual, así que nos resulta más fácil resolver estas cosas. Intento ayudarlos en todo lo que puedo, pero mi gente se ve arrastrada en tantas direcciones que apenas tenemos tiempo para trabajar en nuestras propias tareas.

El hombre a su derecha sale en su defensa.

—Uno de los del grupo de Kiara nos estuvo ayudando el mes pasado y lo interrumpían constantemente con otros asuntos urgentes. Iban y venían entre nosotros y otros equipos, así que lo que pensábamos que les tomaría unos días arreglar acabó tomando tres semanas.

—¿Dejar a tu equipo en el aire mientras esperaban a

que se resolviera el problema? —Rick quiere resaltar un punto.

—¿Está bromeando? ¿Con la carga de trabajo actual? Todos vamos y venimos de una tarea a otra. Estaban trabajando en otras cosas, pero este asunto era urgente.

Rick dice en voz alta mientras escribe en la pizarra:

—Las personas se ven obligadas a hacer multitareas dañinas. —Todos asienten con la cabeza—. Gracias por compartirlo —le dice al grupo de atrás—. ¿Quién más tiene problemas que interfieren en la buena marcha de sus proyectos?

Charlie, uno de los jóvenes de las camisas de cuadros, grita:

—¡Retrabajo! Tenemos una pieza de *software* casi terminada, y luego cambian las *specs* y tenemos que empezar de nuevo.

Los compañeros de Charlie dan varios ejemplos. Lo único que Rick concluye es que tienen algunos «enemigos» que no paran de cambiar las especificaciones.

Rick escribe en la pizarra: «Hay demasiado retrabajo».

Ted, el de construcción, dice desde la esquina:

—En realidad no nos importa que los clientes pidan cambios. Eso significa que podemos cobrarles más.

Nadie aprecia su comentario, así que continúa:

—Lo que nos molesta es la necesidad de aprobaciones. Comenzamos a trabajar; el personal, la maquinaria y los materiales están en la obra, y luego tenemos que esperar por las inspecciones y los permisos. El trabajo simplemente se paraliza.

Rick sonríe; esa es siempre una de las tres quejas principales. Escribe en términos generales: «A menudo el trabajo se paraliza porque faltan cosas relativamente pequeñas (autorizaciones, personas, materiales...)».

—Tengo otra. —Shonda levanta la mano—. Se dedica demasiado tiempo a los informes de actualización.

—Sé exactamente a lo que te refieres —dice Kiara. Tenemos que estar en tantas reuniones para hacer seguimiento de la situación de la gente y de cómo vamos con el presupuesto, etcétera, que a veces parece que no tenemos suficiente tiempo para trabajar.

Rick escribe en la pizarra: «Se dedica demasiado tiempo a los informes de actualización».

La discusión pasa a otras quejas y Rick escribe: «Hay disputas sobre las prioridades entre proyectos», «Hay excesos de presupuesto y «No se cumplen los plazos de entrega originales». Un par de efectos indeseables más y se queda sin espacio en la pizarra. Es hora de seguir adelante.

—Me alegro de que todos participen —dice Rick—. ¿Se dan cuenta de que, independientemente del sector del que vengan, los problemas en la gerencia de proyectos son básicamente los mismos?

—Y no se puede hacer mucho al respecto —añade alguien.

—Tanto nadar para morir en la orilla —dice Charlie, el joven informático, con un fuerte suspiro.

Todos sonríen.

—Este es el asunto. —Rick aprovecha la oportunidad—.

La creencia común en la gerencia de proyectos claramente da esa impresión. La literatura está llena de técnicas de optimización, heurísticas complicadas y encuestas exhaustivas. Este material es difícil de entender y aún más difícil de poner en práctica. Probablemente los dejará con la impresión de que no se puede hacer mucho sobre la forma en que gestionan los proyectos, más allá de lo que ya están haciendo. —Rick hace un gesto a Charlie y continúa—. En este curso cubriremos el enfoque de Goldratt para los entornos multiproyecto, que es parte de su Teoría de Restricciones. Implementar este enfoque requiere mucha disciplina, pero también da resultados.

—¿No va a revisar la literatura convencional? —pregunta Marc.

—No. Eso lo ven en el curso de gerencia de proyectos —responde Rick—. Si creen que están en el curso equivocado, este es el momento de cambiarse.

«Parece el discurso de venta de un profesor arrogante». Marc se guarda este pensamiento para sí. Quizá debería cambiarme de curso. Al menos tendría una buena idea de lo que hay en el campo, y no una aplicación específica de una teoría única. Pero el curso de gerencia de proyectos es a las ocho de la mañana y no quiere perderse su entrenamiento del sábado en el gimnasio.

Rick mira su reloj. La discusión sobre los efectos indeseables ha durado demasiado. Tiene que cambiar de tema.

—Nuestro objetivo es mejorar el desempeño. Completar

más proyectos a tiempo, dentro del presupuesto original, mientras se cumple con todo el alcance del proyecto. —Con esto establece un terreno común—. Para lograrlo, debemos identificar los obstáculos que obstruyen el flujo de los proyectos.

Rick señala la pizarra que tiene detrás y dice:

—Los obstáculos que están causando todos esos efectos indeseables.

Rick mira a su alrededor; parece que todos están aún con él. El concepto de flujo es bastante sencillo. Es fácil visualizar el caudal de proyectos que pasan por el sistema y comprender que, si algo obstruye el flujo, los proyectos se acumulan. El tiempo de entrega se alarga y, en consecuencia, la fiabilidad de las fechas de entrega se resiente. También es fácil comprender que los obstáculos limitan el número de proyectos que pueden pasar, y a menudo perjudican su calidad.

Rick continúa:

—En este curso estudiaremos varios obstáculos al flujo de los proyectos y revelaremos «Las reglas del flujo» para gestionar mejor los entornos de múltiples proyectos. A medida que avancemos, verán cuál de las reglas del flujo es la más relevante para mejorar el rendimiento de su entorno multiproyecto particular.

Rick toma aire y continúa:

—El primer obstáculo que me gustaría cubrir es el desperdicio de los recursos.

—¿Perdón? —dice Shonda en voz alta lo que probablemente todo el mundo está pensando.

—Déjame preguntarte, Shonda —Rick se vuelve hacia ella—, ¿qué dirías de un equipo que está sometido a mucha presión para completar sus proyectos y, sin embargo, dedica una parte de su tiempo a un proyecto que les exige... —Rick busca un buen ejemplo— ...escribir sandeces?

—Diría que están malgastando sus recursos —replica Shonda—. ¿Está sugiriendo que eso es lo que hacemos?

—Estoy sugiriendo que te asegures de que no lo estás haciendo.

La voz de Shonda se eleva un poco.

—Bueno, puedo asegurarle que todo lo que hacemos es útil.

—No estoy tan seguro de eso —dice Charlie—. Algunas de las tareas en las que nos piden que trabajemos me parecen bastante inútiles.

—Gracias, Charlie. —Rick se gira para mirar al resto de la clase—. Piénsenlo. Muchos de nosotros trabajamos en proyectos que no se pueden medir directamente en términos de ingresos. Tiene sentido comprobar que los dólares y las horas que empleamos aporten valor a la empresa.

La clase está en silencio. Las personas en entornos de proyectos no están acostumbradas a pensar en términos de valor.

Rick quiere orientarlos en la dirección correcta.

—Piensen en el objetivo de la empresa y en la estrategia para alcanzarlo. ¿Los proyectos en los que trabajan son útiles para que la empresa alcance sus objetivos? ¿Sus proyectos aportan valor a los clientes de su empresa?

Rick sabe que hay diferencias entre las organizaciones con y sin fines de lucro y entre las empresas que venden sus proyectos directamente a sus clientes y los departamentos que los suministran dentro de la empresa, pero se le acabó el tiempo.

—Me gustaría que pensaran en la idea de valor mientras hacen los deberes —dice Marc.

Sea cual sea la edad de los alumnos, la reacción es siempre la misma: un profundo suspiro.

Rick no tiene piedad.

La primera tarea del curso es «triaje».

No todo el mundo parece estar familiarizado con el término y Rick tiene muy poco tiempo para explicarlo.

5

¿Qué es triaje?

Son las nueve de la noche del jueves y Marc sigue en su oficina. La lluvia golpea la pequeña ventana que ocupa la mayor parte de la pared de atrás. Tiene la puerta abierta para sentirse menos claustrofóbico y puede ver que algunos de los suyos siguen allí, intentando avanzar con los proyectos atrasados. Probablemente son los únicos que quedan en el edificio. Ha sido una semana larga y Marc está cansado, pero aún no puede cerrar y marcharse. Hoy tiene que entregar los deberes del curso Las reglas del flujo, lo que significa que aún le quedan tres horas antes de tener que publicarlos.

«Será mejor que haga algo al respecto», se dice, y se vuelve hacia la computadora. No está especialmente impresionado con el profesor Silver, pero los deberes son los deberes, y quiere conseguir los créditos de ese curso.

Marc abre el archivo de informes de proyectos. Sigue de cerca estos proyectos y actualmente están trabajando en treinta y cuatro. Este número está actualizado, después de que eliminaron los tres proyectos de Doolen e ingresaron los nuevos que obtuvieron desde entonces. A duras penas Lograron terminar el P831 y el B120 a tiempo. Pero están retrasados en otros cuatro proyectos.

El profesor Silver les pidió que hicieran un triaje. Este término procede del campo de la medicina. Significa que, en situaciones con un gran número de pacientes o heridos, el limitado personal médico se ve obligado a priorizar; a clasificar a los heridos o enfermos y tratarlos según la gravedad de su estado. Los que necesitan atención urgente reciben tratamiento primero. Algunos pacientes pueden esperar, y otros no necesitan ningún tratamiento. Si, por ejemplo, los médicos encuentran a tres personas en una ambulancia cubiertas de sangre, podría ser un desperdicio de recursos conseguirles cama a los tres. Dos de ellos pueden ser amigos del herido que intentaron ayudar y se mancharon de sangre. En realidad, puede que ninguno de ellos necesite tratamiento, si el herido ya falleció.

El triaje no sólo consiste en establecer prioridades, sino también en decidir cuál es el tratamiento adecuado. Si alguien sufre un infarto, es evidente que lo debe ver un cardiólogo, no un traumatólogo. Y cuando se envía a alguien a hacerse una resonancia magnética que no necesita, es claramente un despilfarro de recursos. También puede retrasar el tratamiento adecuado y posiblemente perjudicar al paciente. El triaje se hace en interés de los pacientes y en un intento no de malgastar recursos, sino de utilizarlos de la manera más eficiente.

«En los proyectos —había explicado el profesor Silver—, tiene sentido hacer un triaje porque también trabajamos con recursos limitados en relación con la demanda».

«Eso, con toda seguridad, es cierto en nuestro caso», piensa Marc. Su gente está sometida a una presión constante para tenerlo todo hecho, y nunca hay tiempo ni personas suficientes.

Marc mira su informe. Los proyectos están ordenados por fecha de vencimiento, con los más atrasados en primer lugar. Está claro que demasiados proyectos están retrasados o peligrosamente cerca de estarlo, y estos son los que tienen mayor prioridad. Pero no cree que estén malgastando recursos. Marc se asegura de que los gerentes de proyectos con más experiencia trabajen en los proyectos más complicados y, cuando es necesario, consigue más personas para que los ayuden.

«¿Y ahora qué?» Marc está intentado pensar en términos de aportar valor. No está seguro de cómo hacerlo. El profesor Silver no entró en detalles. Marc se encoge de hombros. Todos sus proyectos tienen valor: ayudan a que la producción de sus clientes sea más segura, más precisa y mucho más eficiente, y generen ingresos para

Wilson. Todas las propuestas que escriben y el tiempo que dedican a las pruebas de concepto también tienen valor; es su forma de conseguir nuevos proyectos.

«Tengo que escribir algo», se dice Marc mientras hojea cansado los proyectos. Uno de ellos le llama la atención. Se trata de una solicitud de propuesta que recibieron de una empresa que rara vez hace negocios con ellos. Este cliente ya les había pedido propuestas similares en el pasado y siempre acababa firmando con uno de sus competidores. Marc tiene la sensación de que sólo utilizan a Wilson como referencia. Esta probablemente tiene poco valor para ellos.

Marc hace una pequeña pausa para estirar la espalda y vuelve a mirar la pantalla. El proyecto en la parte inferior no tiene fecha de entrega asignada. Se trata de un pequeño proyecto que se le ocurrió a uno de los ingenieros electrónicos, quien pensó que, una vez terminada, su idea sería una solución impresionante para presentarla a un cliente. Se sentía muy identificado con su idea y Marc la aprobó para motivarlo. «Esta es una posibilidad remota», piensa Marc.

Con eso basta. Escribe un breve informe y pulsa el botón de enviar. La tarea está lista.

Mientras se prepara para marcharse, Marc piensa en estos dos proyectos. Ambos son más bien pequeños, tienen poco o ningún valor, pero le llevarán algunas horas de trabajo. No aliviará mucho la presión a la que está sometida su gente, pero sin embargo tiene sentido dejarlos en un segundo plano. Marc sale del edificio y se dirige a su camioneta. Está muy oscuro afuera, pero al menos ha dejado de llover. Sabe que a los ingenieros que están trabajando en estos dos proyectos no les gustará oír que tienen que dejar de lado algo con lo que están comprometidos. De todas formas, su gente está molesta con él. Todo lo que ha hecho últimamente es presionarlos para que trabajen más duro y más rápido.

«Abbie sabría cómo abordarlos», piensa Marc. Pero es él quien tiene que ocuparse de esto.

6

El triaje en la práctica

—Me alegra ver que todos están aquí —dice Rick.

Es una hermosa mañana de sábado, podría ser la última de este otoño, y la tentación de estar afuera es demasiado fuerte.

Los alumnos se acomodan, así que Rick comienza.

—Revisé las tareas —empieza, y mira a Kiara—. La tarea del grupo de informática es impresionante. Kiara, ¿por qué no nos cuentas más al respecto?

—Bueno —Kiara ordena sus ideas mientras se dirige a la primera fila de la clase—, déjenme darles algunos antecedentes primero. La mayoría de los bancos pequeños y medianos compran su *software* a proveedores externos, pero los grandes, entre los que nos incluimos, desarrollan el suyo propio. El presupuesto de nuestra división de TI es de unos doscientos millones de dólares al año, y contamos con unas mil personas. Nos ocupamos de proyectos o «paquetes de trabajo», como los llamamos, que varían mucho en tamaño, desde la próxima generación, la infraestructura de nuestro software de próxima generación, hasta la corrección de pequeños errores. Nos encargamos de modificaciones y nuevas funciones, así como de actualizaciones continuas de nuestras aplicaciones para teléfonos. Nos ocupamos de las solicitudes de cambio, como «por favor, habilite el acceso a esta función desde allí», y de los interminables cambios en la normativa. Las regulaciones no son poca cosa; incorporar nuevos reglamentos al *software* representa alrededor del veinticinco por ciento de nuestra carga de trabajo.

Kiara toma aire y continúa:

—Solo para que tengan una idea, si sumamos todas las estimaciones de meses-hombre para realizar lo que tenemos que hacer en un tiempo determinado, la demanda resulta ser cinco veces más de lo que nuestra gente puede manejar. Así que definitivamente encajamos en su descripción, profesor Silver, de tener «recursos limitados en relación con la demanda».

Rick mira a su alrededor. Ha tenido bastantes estudiantes de compañías de seguros, bancos y tarjetas de crédito en el pasado, así que está acostumbrado a estos números en las divisiones de TI, pero la clase está impresionada. Todos están en silencio, esperando a que Kiara continúe.

—En cuanto a pensar en términos de valor, no estábamos seguros de cómo empezar. La forma en que trabajamos ahora es que todos los que quieran algo de TI envían una solicitud en junio, nuestro presupuesto se aprueba en diciembre, y así sabemos en qué trabajar el año que viene.

La mano derecha de Kiara intenta ayudarla desde el fondo de la sala.

—Nunca pensamos que fuera escribir tonterías, pero aquí entre nosotros, pensamos que algunos de los paquetes de trabajo en los que estamos trabajando aportan poco o nada.

El otro colega de Kiara interviene.

—No creerían algunas de las cosas que nos piden. Las personas que tienen problemas para atender a los clientes, o gestionar sus equipos o lo que sea, piensan inmediatamente que la forma de solucionarlo es añadiendo otra función. A menudo esas funciones no hacen ninguna diferencia.

—Así que, sí tiene sentido clasificar los proyectos en función de su valor —concluye Rick—. ¿Cómo terminaron haciéndolo?

—Bueno —dice Kiara—, sabemos que el objetivo de nuestro banco es ganar dinero aportando valor a nuestros clientes. Así que pensamos que el departamento de TI debía apoyarlo.

—Excelente —la anima Rick.

—Por ejemplo —continúa Kiara—, invertimos mucho esfuerzo en digitalizar documentos. Hay mucho papeleo que completar cuando los clientes abren una cuenta, solicitan un préstamo o hacen cualquier otra cosa. Eso es una molestia conocida para los clientes y digitalizarla significa que tienen que rellenar todos los espacios en blanco y firmar en todos los lugares marcados en línea en lugar de hacerlo en papel. Cuando empezamos a pensar en términos de valor para el cliente, fue evidente que debíamos cambiar el alcance de este gigantesco proyecto y hacer todo lo posible por reducir las redundancias y minimizar el número de documentos.

—¡Dah! —murmura Ted, lo suficientemente alto como

para que Kiara lo oiga—. ¡¿Por qué demonios querrías que rellenemos nuestros mismos datos cuatro o cinco veces?!

Kiara hace un gesto, intentando ser amable.

—Creemos que podemos reducirlos significativamente.

La mano derecha de Kiara añade:

—Muchos paquetes de trabajo en TI están orientados hacia el interior, con el objetivo de abordar las necesidades organizativas internas y optimizar los procedimientos de trabajo. Suele ser difícil evaluar su eficacia o contribución. Por eso, como regla general, decidimos dar prioridad a los proyectos que pueden demostrar claramente beneficios tangibles para los clientes del banco.

—Otra cosa —añade Kiara—. Cuando empezamos pensando en términos de valor, nos dimos cuenta de que también debíamos examinar las *specs* dentro de los paquetes de trabajo.

Marc presta atención. No había pensado en las especificaciones.

—Muchas *specs* se añaden sólo porque alguien pensó que sería bueno tenerlas o por un caso raro en el que podrían necesitarse algún día —agrega Kiara.

—O porque alguien quería pensar que estaba contribuyendo —dice la colega de Kiara.

Kiara le sonríe, reconociendo su contribución.

—Así que asignamos a algunas personas para que lo investigaran en algunos proyectos urgentes, y encontramos montones de *specs* de poco valor. —Kiara hace una pausa—. Piensen en la página web de su banco. —Mira alrededor de la clase—. ¿Qué porcentaje de sus funciones utilizan realmente?

Todos sonríen. Kiara se ríe.

—Y apuesto a que muchos de ustedes no están al tanto de las nuevas funciones que se añaden continuamente.

Kiara continúa:

—Revisar todos nuestros paquetes de trabajo bajo el prisma de aportar valor a nuestros clientes y buscar beneficios claros en nuestros esfuerzos de mejora interna revela que estamos malgastando muchos recursos en paquetes de trabajo que tienen poco o ningún valor. El triaje liberará muchos recursos y nos ayudará a enfocar nuestro trabajo en las cosas más importantes.

—No hace falta decir que debemos seguir clasificando los nuevos encargos de forma continua. Por lo tanto, en el futuro, pensamos elaborar directrices claras para que las personas sepan cómo justificar los futuros paquetes de trabajo en los que les gustaría que trabaje TI —añade la colega de Kiara.

—Al tener tantos paquetes de trabajo, la clasificación supone mucho trabajo, pero estamos avanzando —concluye Kiara.

Rick está sorprendido. Dadas las cuestiones políticas usuales, a estas alturas esperaba oír hablar de batallas sangrientas.

—¿No se interponen las agendas personales de la gente? —pregunta.

—Ah, por supuesto —dice Kiara—. Tengo que explicar algo. No estamos solos. El vicepresidente a cargo de nuestra división está estudiando la posibilidad de implementar el enfoque de Goldratt. Nos eligieron para hacer el trabajo preliminar, y nuestro gerente y el vicepresidente que está por encima de él se encargarán de lidiar con la política cuando las cosas estén fuera de nuestro alcance.

—Eso tiene sentido —Rick sonríe—. Las consideraciones políticas pueden distorsionar completamente las prioridades y hace falta alguien con el poder y la fuerza suficiente para manejarlas.

—Nuestro vicepresidente ciertamente encaja en esa descripción —expone el colega de Kiara.

—Bien hecho —felicita Rick al grupo de TI mientras Kiara vuelve a su asiento. Luego se dirige a la clase—. En este tipo de entorno multiproyecto, el primer obstáculo al flujo que debemos tener en cuenta es el desperdicio de los recursos. Y la regla del flujo que hay que aplicar aquí es el triaje. El triaje requiere trabajo, pero aporta mucha claridad en cuanto a qué hay que hacer, con qué prioridad y con qué recursos.

Rick hace una pausa y continúa:

—Cuando hagan el triaje, asegúrense de que se cancelan los proyectos de poco valor, sobre todo los que requieren mucho esfuerzo.

—Conociendo la dinámica de nuestra empresa —dice Charlie—, querrán evitar enfrentamientos con las personas que sugirieron las funciones de poco valor, así que probablemente no las cancelarán. Simplemente les asignarán una prioridad menor.

—¿Y? —pregunta Rick, prediciendo lo que pasará después.

Charlie se encoge de hombros y dice:

—Y se esperará que trabajemos en ellos de vez en cuando, así que básicamente nada cambiará.

—Precisamente por eso es que no debemos hacerlo —

afirma Rick—. Los proyectos de escaso valor no deben colocarse más abajo en la lista, sino cancelarse por completo.

Además —prosigue Rick—, como vieron en el caso de TI, es crucial que la clasificación la hagan las personas adecuadas; personas con un profundo conocimiento de la situación y de los proyectos, y también con poder para manejar los asuntos políticos.

—Ya lo creo —dice Kiara—. Tengo que decir que es un reto. Todo esto es muy diferente de cómo funcionamos ahora. Estamos acostumbrados a pensar sobre todo en términos de presupuesto.

Rick está de acuerdo.

—Y esto probablemente lleve a plantearte otro gran reto: pasar de un presupuesto anual predeterminado a asignar el presupuesto por proyecto a lo largo del año.

Rick tiene mucho más que decir al respecto, pero se recuerda a sí mismo que esta clase trata del triaje.

—Gracias, Kiara.

A Rick le hubiera gustado repasar en la clase todas las tareas. Mientras más ejemplos vean los alumnos, mejor entenderán los distintos aspectos del triaje. Pero sólo tiene tiempo para uno más.

Rick se vuelve hacia Ted, el joven de la construcción, que hasta ahora había parecido bastante desinteresado.

—Me gustaría felicitarte por un nuevo récord, Ted. Los deberes más cortos de la historia.

Rick dice a la clase que Ted presentó dos cifras y dos letras.

—Eso lo cubre todo. Actualmente tenemos catorce proyectos

de construcción, y eso es lo que precisamente significa «NR». Todo eso del triaje no es relevante para nosotros —dice Ted.

Para sorpresa de Ted, Rick está de acuerdo.

—Para empresas como la tuya, que venden sus proyectos directamente al consumidor final, cada proyecto significa generar ingresos. Supongo que tu empresa sabe elegir bien los proyectos que le dan más rentabilidad, así que, tienes razón, hay valor en todos los proyectos y no hay necesidad de clasificarlos.

Rick se dirige a la clase y explica:

—Sin embargo, en los entornos multiproyecto en los que los proyectos no se venden directamente a los clientes, uno de los primeros obstáculos al flujo que debemos examinar es el despilfarro de recursos. Con la presión a la que estamos sometidos, asegurémonos de que no estamos utilizando nuestro tiempo escribiendo tonterías, sino que priorizamos y dedicamos nuestros recursos a proyectos valiosos. Por eso lo primero que les explico es el triaje.

Marc guarda silencio. No había encontrado muchos proyectos de poco valor y, desde luego, no había descubierto un montón de desperdicios como Kiara. En esencia, su departamento de ingeniería probablemente se parezca más a la empresa de Ted que a la de Kiara, pero el concepto tiene sentido.

Rick se da cuenta de que la clase lo sigue, así que prosigue:

—El próximo tema que vamos a cubrir seguro que es relevante para todos. Como tarea, me gustaría que presenten un informe sobre las consecuencias de la multitarea.

7

Eliminar lo «agradable de tener»

—Señor, ¿quiere jugo de naranja o agua? —pregunta la azafata con una sonrisa de lápiz labial rojo mientras avanza por el pasillo con una bandeja llena de vasos.

Es viernes por la tarde y Marc se relaja en su asiento de clase ejecutiva. Está volando para pasar el fin de semana con su hermana y su familia. Marc necesita hablar con Samantha sobre el alarmante plan de su padre. Sam lleva años dirigiendo el departamento de producción de la empresa. Ella y su familia se trasladaron al sudeste cuando Wilson abrió su segunda planta allí. Dirige las nuevas instalaciones de producción, además de un pequeño equipo de ventas y un departamento local de integración y soporte. A Marc no le importa que haya más distancia física entre él y su hermana, pero echa muchísimo de menos a sus hijos. Adora a sus sobrinos y han pasado meses desde la última vez que los vio, en la fiesta del cuarenta cumpleaños de Sam.

—¿Qué le gustaría comer, señor? —La aeromoza está de regreso—. Tenemos dos opciones.

Marc había utilizado sus puntos de viajero frecuente para viajar en clase ejecutiva y no tener que estar apretujado en un asiento de clase turista, pero no le gusta tanta atención de las azafatas.

—No, gracias. Paso. —Marc le asegura que está bien. Se conecta los audífonos y activa la cancelación de ruido. Están a punto de despegar.

Ha sido una semana ajetreada y está agotado. Además de su carga habitual, Marc tuvo una larga reunión individual con cada uno de sus siete jefes de proyecto. Había dejado de tener esas reuniones cuando las cosas se complicaron, y fue un error. Después de ponerse al día con ellos y escuchar las últimas novedades sobre su trabajo, insistió en la importancia de cumplir con las fechas de entrega. En un intento de ahorrar tiempo, Marc les sugirió que revisaran las especificaciones de sus proyectos y determinaran si todas eran intrínsecamente necesarias. Descubrieron algunas que los mismos ingenieros habían añadido. Aprobaron un par de ellas que parecían importantes, pero el resto las eliminaron porque básicamente eran «agradables de tener» (N. del T.: la expresión en inglés es *nice-to-have* y se refiere a algo que es deseable pero no esencial).

Uno de los jefes de proyecto indicó que estaban trabajando

en un proyecto en el que los requisitos solicitados por el cliente parecían excesivos. Se pusieron en contacto con una llamada en conferencia con el cliente, que se sorprendió de esta petición en una fase tan temprana del proceso. Pidió un poco de tiempo para consultarlo con su gente y confirmó un par de días después por correo electrónico que estaba de acuerdo con eliminar de la lista de requisitos la mayoría de «los agradables de tener», pero les advirtió que no pidieran más recortes cuando se acercara la fecha límite.

Esa mañana Marc se había reunido con Abbie para evaluar las *specs* de sus proyectos y revisar el trabajo de la semana. Entre la cancelación de los dos proyectos que Marc detectó en su triaje y el recorte de las especificaciones, habían ganado un poco de tiempo. Demasiado poco para hacer una diferencia.

«Tengo que hacer más», piensa Marc. «Cada vez nos retrasamos en más y más proyectos».

Abbie, bendita sea, había redactado un memorándum con las nuevas directrices: Los gerentes de proyecto deben aprobar las specs que no estén directamente relacionadas con los requerimientos del cliente. Y Marc tiene que participar en cada llamada telefónica con el cliente si sospechan que se han pedido demasiadas especificaciones «agradables de tener». Marc tiene que asegurarse de que no están molestando a nadie; no quiere sorpresas. Había enviado por correo electrónico el memorándum de Abbie a todo el mundo antes de salir de la oficina.

Marc cierra los ojos. Basta de trabajo. Mientras se duerme, sus pensamientos vagan hacia Abbie. Sabe que tiene más o menos su edad. Se pregunta si está soltera.

Marc pasa la puerta automática de la zona de llegadas y localiza fácilmente a Dave, su sobrino. Dave es tan alto como su madre, pero delgado como un alfiler. Se dan un fuerte abrazo y se dirigen al estacionamiento.

—No puedo creer que tengas edad para manejar. —Marc intenta despeinar a Dave.

Dave lo esquiva y le cuenta todo sobre el Jeep que le regalaron sus padres por su decimosexto cumpleaños.

—¿Dónde está tu hermana? —pregunta Marc mientras se abrochan los cinturones.

Dave dice que está en una cita.

—¡Tienes que estar bromeando! —dice Marc nervioso—. ¡Tiene once años!

—¿En serio crees que la dejaría ir a una cita? — Dave se está riendo. Siempre logra tomarle el pelo a Marc—. Está en la casa preparándote un pastel sorpresa.

—No te preocupes —le asegura Marc—. Me haré el sorprendido.

El Jeep es cómodo y Dave es un buen conductor. Salen del aeropuerto y se dirigen a la elegante casa de su hermana en una de las urbanizaciones privadas de lujo en las afueras de la ciudad. Dave enciende el sistema de audio. Tienen gustos similares y Dave pone al día a Marc sobre lo último en música.

A la mañana siguiente, Marc y Sam, ambos vestidos de blanco, juegan tenis en un club privado cercano. Marc hace lo mejor que puede, pero, como era de esperar, Sam gana. Después del partido, se dirigen al patio exterior del club para refrescarse con un té helado.

Una vez sentados, Marc dice:

—¿Conoces el plan de papá de vender la empresa?

—Sí —Sam no se inmuta por la noticia—. Si el viejo quiere vender la empresa, que venda la empresa.

—¡Pero si es la empresa familiar! —exclama Marc.

—El hecho de que tú y yo trabajemos para papá no la convierte en la empresa familiar —dice Sam—. Es su empresa y puede hacer lo que quiera con ella.

Marc intenta ocultar su decepción. Esperaba un poco más de apoyo.

—Entonces, ¿cuáles son tus planes?

—Nos quedamos aquí —responde Sam—. Pronto Jack va a ser socio, y a los niños les encanta estar aquí. Si no me gusta trabajar para quien compre la empresa, me iré a trabajar para otro. Hay muchas plantas de producción en los alrededores. Conseguiría un trabajo nuevo enseguida.

Marc siempre había sabido que su hermana no tenía aspiraciones de dirigir Wilson Advance Solutions una vez que su padre se jubilara. Se había dado cuenta hace años, pero sólo ahora se percata del escaso sentido de propiedad que tiene de la empresa. Para ella, es sólo un trabajo. Uno que puede conseguir fácilmente en otro sitio. Para él no es así. Se ve a sí mismo como una parte integral de la empresa familiar, y realmente quiere hacerse cargo y mantenerla en marcha una vez que su padre se jubile.

Marc está pensando si discutir o dejarlo así cuando Sam recibe una llamada. A Marc le parece que hay algún tipo de crisis en la fábrica. Cruza los dedos para que no tenga nada que ver con su departamento. Su hermana se queja de ellos todo el tiempo.

—Tenemos que irnos.

Sam le ofrece a Marc dejarlo en la casa, ya que tiene que cambiarse. Había planeado quedarse en casa hoy y recibir a su hermano, pero el trabajo es lo primero.

En cierto modo, Marc se alegra de que Sam haya tenido que marcharse. Siendo ocho años mayor, nunca lo ha tratado como a un igual. No tiene ni idea de cómo ha podido acabar con un marido estupendo y dos hijos maravillosos. La oportunidad de pasar la tarde a solas con sus sobrinos es un placer. Se lo pasan en grande jugando en la piscina y haciendo boberías. Cuando Sam regresa para la cena, Marc se siente aliviado de saber que él no tiene nada que ver con el problema de la fábrica.

Es increíble cómo vuela el tiempo cuando te relajas. El domingo por la tarde Marc coge el vuelo de vuelta a casa. En cuanto a hacer cambiar de opinión a su padre, ahora está claro que está solo en eso.

8

Multitarea dañina

El sábado siguiente por la mañana, Rick se dirige al salón de clase preguntándose si debería utilizar una presentación animada para esta conferencia. Tiene toda una colección que le regalaron antiguos alumnos que habían utilizado el material en sus organizaciones. No, a él le gusta la sencillez, usará la pizarra. Es el privilegio de un profesor: nadie le dice lo que tiene que hacer.

Rick entra en clase. Todos están en sus asientos esperando a que empiece. Escribe «los efectos de la multitarea dañina» en la pizarra y se vuelve hacia los alumnos.

—Repasando sus deberes —comienza—, hay consenso en que la multitarea es un mal necesario. Con la carga de trabajo actual y la presión por avanzar, es necesario para la mayoría de nosotros, si no para todos, pasar de un proyecto a otro.

Rick mira a su alrededor, asegurándose de tiene la atención de todos.

—También hay consenso en que la multitarea causa muchos disgustos. Fomenta los conflictos y las peleas por los recursos que comparten distintos proyectos. Contribuye a la fatiga y al agotamiento de la gente, y fomenta los errores. Todo eso es correcto, pero es sólo la punta del iceberg. Me gustaría hablar de lo que hay bajo la superficie. El problema de la multitarea es que es el mayor asesino de tiempo que existe en los proyectos.

«Qué declaración tan dramática», piensa Marc. Pero el profesor capta su atención.

Rick se vuelve hacia la pizarra y empieza a dibujar.

—Veamos un ejemplo sencillo en el que tenemos tres proyectos, cada uno de los cuales tarda nueve días en completarse.

El efecto de la multitarea dañina

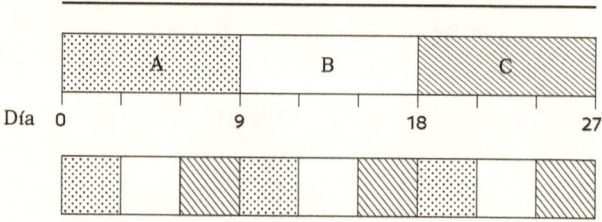

Rick señala la fila superior.

—Aquí no hay multitarea. Empezamos a trabajar en el proyecto A el primer día y lo terminamos en nueve días. Empezamos a trabajar en el proyecto B el décimo día y lo completamos en nueve días, y no empezamos a trabajar en el proyecto C hasta el decimonoveno día, pero también lo completamos en nueve días.

Rick prosigue:

—En la fila inferior, los cuadrados indican que realizamos varias tareas a la vez entre los proyectos. Empezamos con el proyecto A, pero tras completar sólo un tercio del mismo, pasamos a trabajar en el proyecto B, y tras completar sólo un tercio del B, pasamos al proyecto C, etcétera. Como en el caso anterior, empezamos a trabajar en el proyecto A el primer día, pero miren lo que pasa con su tiempo de entrega.

—¡No puedo creerlo! —Shonda se queda atónita—. ¡El proyecto A tomará veintiún días, en vez de nueve!

Ted afirma lo obvio:

—En ese diagrama imaginario los proyectos parecen tan sencillos. En la realidad, siempre se producen retrasos inesperados.

Nadie le presta atención.

Marc se ha quedado sin palabras. Eso es precisamente lo que ocurre en su departamento. Intenta visualizar la línea de cuadrados en la pizarra cuando realiza varias tareas a la vez entre treinta y tantos proyectos. No es de extrañar que incluso su proyecto más sencillo tarde una eternidad en completarse.

Rick quiere asegurarse de que todo el mundo lo ha entendido.

—El factor principal que influye en el tiempo de entrega es el número de proyectos entre los que realizamos varias tareas a la vez. Cuantos más proyectos se mezclan, mayor es el plazo de entrega.

Rick espera un minuto para que entiendan el mensaje y

luego añade:

—En este ejemplo no hemos incluido ningún tiempo de preparación, pero esto rara vez ocurre en la realidad. Piensen en ustedes mismos cuando realizan varias tareas a la vez. Cuando vuelven a un proyecto en el que no han trabajado durante un tiempo, ¿pueden retomarlo inmediatamente donde lo dejaron?

—Cada vez que paso a trabajar en otro proyecto tengo que rebuscar entre varios archivos y documentos para ordenar mis ideas. El tiempo de preparación no es desde luego despreciable —dice Shonda.

—¿Qué no es insignificante? —pregunta Ted desde su rincón—. Cuando uno de mis equipos vuelve a un proyecto que tuvo que dejar, a menudo la gente no recuerda qué se supone que tienen que hacer a continuación y tienen que estudiar los planos de construcción y ponerse en contacto con el arquitecto, y entonces alguien recuerda que el cliente pidió un cambio de última hora, pero no están seguros de si se añadió a los planos y nadie recuerda cuál era, así que tenemos que ponernos en contacto con el cliente. Este tiempo de preparación no es nada desdeñable.

—¡Nada desdeñable es el eufemismo del año! —grita Charlie desde el otro lado de la clase. Cuando me sumerjo en un proyecto que habíamos dejado de lado, mi reacción inmediata es: ¡¿Qué idiota escribió este código?! Incluso si ese idiota fui yo, no recuerdo por qué decidí escribirlo de la forma en que lo hice y ahora se me ocurre una forma mejor de hacerlo. Así que lo borro todo y vuelvo a empezar. Y, por supuesto, no funciona, y tengo que encontrar todos los fallos y arreglarlos, y todo el asunto me lleva una eternidad.

—Claro que sí, Charlie —Rick se alegra de que Charlie haya sacado el tema—. Suele ocurrir que cuando volvemos a un proyecto en el que no hemos trabajado durante un tiempo, en lugar de profundizar en lo que se hizo antes, optamos por empezar de nuevo.

Rick señala la pizarra.

—Lo que todos están diciendo es que, en la fila de la multitarea dañina, el plazo de entrega es aún mayor porque debe haber espacios entre los cuadrados que significan tiempos de preparación y, en ocasiones, de retrabajo.

Rick hace una pausa para dar dramatismo a lo que va a decir a continuación.

—En realidad, la mayoría de nosotros hacemos multitarea entre más de tres proyectos. Por eso, el plazo de entrega de cada proyecto es más largo de lo que debería ser, no un diez o un veinte por ciento, sino cientos de veces. Por eso me refiero a la multitarea como el mayor asesino del tiempo.

La clase está en silencio. La gente rara vez es consciente del efecto devastador que la multitarea tiene sobre el tiempo.

La mente de Marc va a toda velocidad. «¿Adónde quiere llegar?» Sigue oyendo las palabras del profesor:

—Cuantos más proyectos haya, más largo será el tiempo de entrega.

Al cabo de un rato, Shonda interviene.

—¿Qué intenta decir? Tenemos que ir de un proyecto a otro.

Rick le responde lentamente.

—Lo comprendo. Pero ¿tenemos que ir y venir entre tantos

proyectos? —Rick se vuelve hacia la clase—. Para reducir significativamente el plazo de entrega, lo que tenemos que hacer es controlar el WIP (work in process, WIP, por sus siglas en inglés); controlar la cantidad de trabajos en proceso, los proyectos activos en los que estamos trabajando en un momento dado.

Marc quiere algo más que unas siglas.

—¿Qué quiere decir controlar el WIP? —pronuncia «güip» igual que lo dijo el profesor, como una palabra.

Rick lamenta no haber subido una de las presentaciones animadas.

—Lo que quiero decir es que limitas el número de proyectos en que trabajas en paralelo. Sólo trabajas en uno nuevo después de haber terminado uno de los proyectos que ya habías empezado.

«Tiene sentido», piensa Marc. El problema es que su operación ya está abarrotada con demasiados proyectos. Ahora mismo, las cosas apenas se mueven. Si espera a que se completen suficientes proyectos antes de dejar entrar otros nuevos, corre el riesgo de lanzarlos demasiado tarde.

—¿Qué hace si ya tiene demasiados proyectos en el flujo? —pregunta Marc.

—Es difícil. Si no puedes tomarte tu tiempo y esperar a que se completen suficientes proyectos, tienes que empezar por congelar algunos de los proyectos en los que ya empezaste a trabajar; proyectos que actualmente están en WIP.

Marc no está seguro de lo que eso significa.

—¿Está sugiriendo que abandonemos algunos de nuestros proyectos?

—Estoy sugiriendo que los congeles temporalmente

—responde Rick.

Ted no se deja impresionar.

—Lo que está diciendo es que decidamos de antemano en qué proyectos trabajamos y los entregamos a tiempo, y qué proyectos congelamos y entregamos más tarde de lo prometido.

Rick se recuerda a sí mismo que no tiene por qué querer a todos sus alumnos. Ni siquiera tienen que gustarle. Pero sí tiene que preocuparse por ellos y por su éxito.

—Ted, piénsalo. Si reduces significativamente el número de proyectos entre los que vas y vienes, reducirás significativamente su tiempo de entrega. Eso te permitirá terminar estos proyectos mucho más rápido, y luego trabajar en los que congelaste, y terminarlos también mucho más rápido.

Caras de incertidumbre por todas partes. Rick está tranquilo. Siempre consigue esa reacción.

Shonda, como de costumbre, quiere detalles.

—¿Cuántos proyectos tenemos que congelar para acortar considerablemente el tiempo de entrega? —pregunta.

—Hay que congelar lo suficiente para poner en marcha el flujo de proyectos. En muchos casos, tenemos una idea bastante clara de la capacidad de nuestro sistema. Sabemos en cuántos proyectos podemos trabajar de forma eficiente, así que es bastante fácil deducir cuántos necesitamos congelar.

—¿Y si no lo sabemos? —Shonda insiste.

—Eso suele significar que el caos es enorme. Probablemente tendrás que congelar un gran porcentaje de tus proyectos.

—¿Qué tan grande? —pregunta Marc.

—Algunas empresas empiezan congelando entre el veinte

y el treinta por ciento de sus proyectos. Tardan un tiempo en notar una reducción del tiempo de entrega y la reducción es algo limitada, pero luego se sienten más cómodos congelando más. En otras empresas, el flujo está tan obstruido que, si congelan sólo el veinte por ciento de los proyectos, apenas notarán la diferencia. He visto casos en los que las empresas pusieron en marcha el flujo de proyectos una vez que congelaron el setenta u ochenta por ciento.

Obviamente, se trata de un cambio drástico respecto a la convención actual en la gerencia de proyectos. Los alumnos están callados, intentando digerir.

Rick afirma:

—Lo importante es controlar el WIP de forma continua. Hay que asegurarse de que el flujo de proyectos que pasan por el sistema sea rápido y eficaz. Congelar es una píldora difícil de tragar, pero es un esfuerzo de una sola vez para poner en marcha el flujo.

Rick se da cuenta de que siguen pensando, pero hay otro punto importante que tiene que aclarar.

—La multitarea dañina no es sólo entre proyectos, sino también entre tareas cotidianas más pequeñas. Y esta forma de mala multitarea también consume nuestro tiempo.

—Así es, deberías verme algunas mañanas —Se ríe Charlie, feliz de aliviar la tensión—. Llego a mi cubículo y empiezo a revisar los correos electrónicos. Antes de llegar a la mitad, suena mi móvil. Pongo a quien sea en espera, porque alguien del cubículo de al lado me está llamando. Me acerco para ver si puedo ayudar, pero no consigo concentrarme porque no dejo de pensar en la persona que llamó, pero no puedo saber lo que quiere porque dejé el teléfono al lado de mi asiento. Vuelvo a cogerlo y veo un correo electrónico entrante, lo que me recuerda que no he terminado de leer mis correos. Antes de darme cuenta ha pasado media mañana y no he hecho nada.

Todos se ríen. Saben exactamente de qué está hablando Charlie.

Rick dice:

—Si la gente va saltando de una tarea a otra, corriendo como pollos a los que les han cortado la cabeza, se hace muy poco. Parte del control del WIP también consiste en averiguar cómo reducir significativamente la multitarea que hacemos a diario, hora a hora.

—¿Y cómo se hace eso?

—Simple. Empiezas una tarea y la terminas antes de seguir adelante.

Reducir la multitarea en los proyectos y en el día a día es relevante para todos. Llegan montones de preguntas de todas direcciones y Rick las responde pacientemente, una a una. En algún momento alguien se da cuenta de que se acabó el tiempo.

Rick lo resume rápidamente:

—Uno de los mayores obstáculos en el flujo de los proyectos es la multitarea dañina. Tiene un efecto negativo en muchos factores y un efecto devastador en el tiempo de entrega. Para mejorar el flujo, tenemos que controlar el trabajo en proceso con el que lidiamos en un momento cualquiera.

Rick tiene que dejar ir a los estudiantes, o llegarán tarde a su próxima clase. No importa, les dará un montón de tarea para la próxima vez.

9

¿Funcionará?

«¿Funcionará?» es lo único en lo que piensa Marc. Han pasado poco más de dos meses desde que su padre lanzó la bomba de la venta de la empresa. Marc no ha oído nada concreto, pero sabe que su padre está hablando discretamente con gente de su red. Marc se ha devanado los sesos tratando de pensar en formas de garantizar que entreguen a tiempo. Han pasado las semanas, y lo único que tiene para mostrar son más proyectos retrasados. Después de la clase del sábado por la mañana, Marc no dejaba de pensar en la idea de controlar el WIP. No encuentra ningún fallo en la lógica. La pregunta es: ¿funcionará?

En tiempos normales esa sería una pregunta perfecta para hacerle a su padre. El viejo tiene una intuición notable y años de experiencia en proyectos. Pero este no es el momento adecuado para plantearle una idea tan revolucionaria. Podría bloquear la iniciativa y Marc perdería la oportunidad de intentarlo. Mejor pedir perdón que permiso, decide Marc.

La siguiente persona en su mente es Abbie. Aprecia su opinión y, de todos modos, necesitará su ayuda. Marc le mandó un mensaje de texto a Abbie a primera hora de la mañana del lunes. Ella ya debería haber llegado. Marc mira de nuevo su móvil.

Hoy
¿Estás disponible?
Ocupada. ¿Después de comer?
Bien. En mi oficina.

Bueno, son la una y dos minutos. Por mucho que Marc esté ansioso por compartir sus pensamientos, tiene sentido que Abbie esté ocupada. Todos están ocupados los lunes por la mañana, apagando fuegos y reorganizando las prioridades para lograr que se hagan las cosas.

Abbie aparece unos minutos después.

—Hola Abbie, ¿podrías cerrar la puerta? —A Marc hoy le da igual sentirse encerrado. No quiere que corran rumores cuando hablen de congelar proyectos.

—Claro.

Abbie se sorprende un poco. Todo el mundo sabe que la puerta de Marc siempre está abierta. Cierra la puerta y se sienta en la única otra silla, al otro lado del escritorio de Marc.

—¿Te importa si almuerzo mientras hablamos? —pregunta

mientras quita la tapa de una caja de plástico llena de ensalada.

—En absoluto —le asegura Marc, y prosigue—: Abbie, ¿crees que podemos hacer algo más para asegurarnos de que entreguemos a tiempo?

Abbie espera a que termine de masticar y dice:

—Me temo que no. Hemos ajustado todo lo que podíamos ajustar.

—Estoy de acuerdo —dice Marc—. Entonces, eso significa que, si queremos mejorar nuestro desempeño, tenemos que hacer algo muy distinto de lo que estamos haciendo.

—Tiene sentido. —Abbie se encoge de hombros—. Pero diferente o no, no se me ocurre nada.

—Bueno, me topé con un enfoque poco convencional en una de mis clases del MBA y me gustaría comentártelo.

—Eso suena interesante. —Abbie comienza con su ensalada—. Cuéntame.

Marc abre una presentación que el profesor Silver publicó en el tablero en línea de los estudiantes e inclina la pantalla del computador para que Abbie pueda verla. Le habla de la ejecución de proyectos con y sin multitarea dañina y de los efectos negativos que tiene en el tiempo de preparación, el retrabajo y, sobre todo, en el tiempo de entrega de los proyectos. Le explica el concepto de controlar el WIP y la idea de empezar a congelar proyectos para acortar los tiempos de entrega. Abbie escucha en silencio mientras come. Cuando Marc termina, Abbie cierra la caja de plástico y la deja a un lado.

—Son conceptos interesantes —dice—. Desde luego, te hacen pensar.

—¿Pensar en qué? —Marc quiere saber qué tiene en mente.

—Bueno, veamos. —Abbie intenta organizar sus ideas—. Para empezar, sigues diciendo «multitarea dañina». ¿Existe la «buena multitarea»?

Marc recuerda que alguien hizo esa misma pregunta en clase.

—El profesor dijo que la multitarea es buena o mala dependiendo de cómo afecte al flujo general de los proyectos. Por ejemplo, si A se queda atascado en medio de un proyecto y B deja de hacer lo que está haciendo y ayuda a A para que ambos puedan avanzar rápidamente, el flujo general de los proyectos se beneficia, así que eso es buena multitarea. Pero si la gente va constantemente de un proyecto a otro y el flujo general es mucho más lento, eso es mala multitarea.

—Ya veo —dice Abbie—. Así que mientras no tengamos un velocímetro del flujo de los proyectos, todo el asunto es teórico. No podemos juzgar realmente si nuestra multitarea es buena o mala.

—Exacto —responde Marc—. Por eso el profesor dijo que es inútil pensar en eso. En su lugar, deberíamos ser prácticos. Sabemos que sufrimos todas las consecuencias negativas de una mala multitarea. Para rectificarlo, deberíamos empezar por controlar el WIP.

Abbie se toma un minuto para digerir el nuevo término.

—Eso sí que es muy diferente de cómo hacemos las cosas ahora.

Marc se da cuenta de que Abbie está indecisa. No le extraña.

—Mira cuántos proyectos atrasados tenemos —insiste Marc—. Ahora estamos trabajando en treinta y seis proyectos en paralelo. ¡Treinta y seis! Y estoy hablando desesperadamente con clientes enfadados, suplicándoles que nos den prórrogas. No tiene sentido seguir sin hacer nada al respecto.

Abbie hace una pausa y mira a Marc.

—Esto no es solo una discusión teórica. Estás considerando seriamente congelar proyectos.

—Sí —responde Marc.

—¿Lo dices en serio? —Abbie está asombrada—. ¿Por qué te arriesgarías?

De ninguna manera Marc le va a contar a nadie sobre la intención de su padre de vender la compañía, incluyendo a Abbie. Opta por otro enfoque.

—Antes dijiste que de la forma en que operamos actualmente ya hemos ajustado todo lo que podíamos ajustar. Estoy comprometido en encontrar una forma mejor de gestionar el departamento de ingeniería, y este enfoque se ha aplicado con éxito en muchas empresas.

Abbie no sabe qué pensar, pero se da cuenta de que Marc está decidido.

—Quiero probar esto —dice—, y necesito tu ayuda.

Abbie coge su móvil y despeja el resto de la tarde. Una vez que deja el teléfono, busca algo positivo que decir.

—Tiene sentido que primero clasificaras los proyectos y te deshicieras de los de poco valor.

Marc está de acuerdo. Le cuenta a Abbie que oyó en clase que en algunos casos el triaje descubrió tanta pérdida de tiempo y recursos que apenas hubo necesidad de congelar proyectos adicionales. Pero está claro que ese no es su caso.

—Digamos que lo vas a intentar —Abbie busca las palabras adecuadas—, ¿cuántos proyectos vas a congelar?

—Bueno, el objetivo es acortar nuestro tiempo de entrega, ¿no? —Marc quiere que ella siga su razonamiento—. ¿Cuál es el proyecto más corto que recuerdas que hayamos hecho?

Abbie sabe a qué legendario proyecto se refiere Marc.

—El H202, hace unos años. —Fue un proyecto bastante grande que, debido a circunstancias especiales, tuvieron que terminar en un tiempo récord—. Hicimos un milagro y de alguna manera lo terminamos en tres meses. Pero fue un gran esfuerzo puntual.

—Lo conseguimos en tres meses, lo que significa que es posible. Me gustaría llegar a un punto en el que terminemos todos los proyectos en tres meses.

—A ver si lo entiendo. —Abbie se alarma—. Ahora mismo nuestro plazo de entrega es de seis meses y apenas lo conseguimos, ¿y tú quieres reducirlo a la mitad? ¿Cómo podríamos hacerlo sin reducir considerablemente el número de proyectos que entregamos?

—No vamos a comprometer el número de proyectos que entregamos —responde Marc—. Mantenemos el mismo número de proyectos y reducimos el tiempo de entrega a la mitad. —Marc toma aire antes de terminar la frase—. Creo que eso también significa que tenemos que reducir a la mitad el número de proyectos en los que trabajamos en paralelo.[5]

—Estás pensando en congelar la mitad de los proyectos. —Abbie suena como si se estuviera ahogando—. ¿En serio?

Marc se toma un minuto antes de decir:

—Abbie, estamos peligrosamente cerca de perder más

clientes. Quiero ver qué es lo que es este enfoque de gerencia de proyectos. Y para probarlo, tenemos que apostarlo todo.

Abbie tiene la sensación de que hay algo más. Pero, obviamente, eso es todo lo que Marc está dispuesto a decirle en este momento. No está segura de qué decir.

—¿Y si esto sale mal?

—Seguiremos muy de cerca los proyectos. Necesito saber de cualquier señal de que las cosas no están funcionando.

Se da cuenta de que Abbie no está contenta.

—Vamos a darle tres meses. Ahora mismo nos comprometemos a seis meses de plazo. Para entregar el mismo número de proyectos, deberíamos poder completar la mitad que mantenemos activos en menos de tres meses. Luego completar la mitad que congelamos en los tres meses restantes.

Abbie sabe que Marc habla de promedios, pero lo que dice es razonable. Si no funciona, deberían saberlo para entonces.

«Debería saberlo en mucho menos de tres meses», piensa Marc. Si el plazo de entrega se reduce como espera, los proyectos que están más cerca de completarse deberían terminarse mucho antes. Si no, sabrá que su padre sigue adelante con la venta de la empresa.

Ambos guardan silencio, sin saber qué hacer.

Al cabo de un rato, Marc dice:

—¿Puedo enseñarte lo que tengo en mente?

Abbie va a regañadientes.

Marc abre en su pantalla el archivo informe de proyectos.

—Creo que deberíamos congelar la mitad inferior, los

proyectos que tenemos que entregar más adelante.

Abbie se inclina hacia delante para verla mejor. Marc puede oler su sutil perfume.

Por último, ella dice:

—Yo seguiría trabajando en el R119, aunque tenga una fecha de entrega posterior.

Marc está de acuerdo. Es un cliente importante.

—Tienes razón. Tenemos que asegurarnos de entregarlo a tiempo.

Marc crea una nueva hoja de cálculo que ahora tiene diecinueve proyectos, incluido el R119. Dedican algún tiempo a asegurarse de que cada gerente de proyecto tenga entre dos y tres proyectos. Eso significa que hay que reasignar algunos proyectos. También establecen prioridades claras: en qué proyectos tienen que trabajar primero y así sucesivamente. Una vez que han terminado, se recuestan en sus sillas y miran la pantalla.

Abbie se siente muy incómoda con todo esto. Pero no es ella quien tiene que tomar la decisión.

—Bueno —dice finalmente—, si quieres que lo piense un poco más, tengo que consultarlo con la almohada. Pero si ya lo decidiste, dime en qué puedo ayudarte.

Marc está agradecido de todo corazón. Por eso le encanta trabajar con Abbie.

—Quiero ponerlo en marcha mañana. ¿Me ayudas a decidir cómo explicárselo a los demás?

Pasan el resto de la tarde planeando lo de mañana. Lo único que Abbie piensa es que espera que funcione.

10

El juego de la multitarea

Al día siguiente, a mediodía, la sala de conferencias está llena. Todas las sillas alrededor de la mesa están ocupadas y hay sillas extra en todas las paredes. Los ingenieros sienten curiosidad por el motivo de la inesperada reunión, pero mientras tanto disfrutan de las hamburguesas que Marc y Abbie pidieron para almorzar. Una vez que todos toman asiento, Marc empieza agradeciendo sinceramente a todos por sus esfuerzos de los últimos meses.

—Todos han hecho lo mejor posible y no ha pasado desapercibido. —Marc mira alrededor de la sala y continúa—. A pesar de lo duro que hemos trabajado, lo cierto es que estamos retrasados en demasiados proyectos, y tenemos que hacer algo al respecto.

—¿Nos vas a pedir que vengamos regularmente los fines de

semana? —pregunta alguien.

—No. —Marc es claro—. Vamos a encontrar el tiempo necesario dentro de sus horas habituales.

—Buena suerte con eso... —es todo lo que consigue.

Noah, el líder informal del grupo, dice:

—Estoy tan ocupado que no encontrarás ni una hora extra en mi semana.

—Bueno, déjame preguntarte algo, Noah. ¿Por casualidad haces multitarea?

A Noah le hace gracia.

—¡Soy el «multitareísta» por excelencia! Realizo multitarea entre proyectos, entre tareas, entre pulsaciones de teclado. No hay entrenamiento en el mundo que pueda enseñarme a hacer más tareas simultáneamente.

—¿Y si tuvieras que hacer muchas menos? —dice Marc—. Creo que el tiempo perdido está en hacer multitareas, todas a la vez.

Marc recibe la mirada de desconcierto que esperaba y sugiere:

—Sé que suena raro. Deja que te lo enseñe. Juguemos un jueguito.

Marc entrega a cada persona un trozo de papel. Caray, no todo el mundo tiene bolígrafos y se le olvidó traer otros. No importa, todos tienen sus teléfonos, improvisará.

—Agarren los teléfonos y envíen un mensaje de texto a Abbie. En ese mensaje, tienen que completar tres proyectos —explica Marc mientras señala la parte superior del papel.

»Cada proyecto tiene dieciséis tareas. En el primer proyecto, escriban en mayúsculas la palabra M—U—L—T—I—T—A—R—E—A—D—A—Ñ—I—N—A. En el segundo, escriban los números del uno al dieciséis. Y en el tercero, escriban ocho veces los símbolos: ? %. Aquí no hay multitarea. Completen los proyectos uno por uno y tan pronto como terminen, envíenselo a Abbie.

Complete los siguientes tres proyectos

1) M U L T I T A R E A D A Ñ I N A

2) 1 2 3 4 5 6 7 8 9 10 11 12 13 14 15 16

3) ¿ % ¿ % ¿ % ¿ % ¿ % ¿ % ¿ % ¿ %

Algunos levantan las cejas, pero están dispuestos a cooperar.

—¿Están listos? —pregunta Marc. Confirma que Abbie ha marcado el tiempo y dice—: Comiencen.

Al cabo de un minuto, el teléfono de Abbie empieza a sonar y pronto recibe mensajes de texto de todo el mundo. Abbie dice que recibió el primer mensaje a los 67 segundos y el último a los 113 segundos.

—Excelente. Ahora —continúa Marc— vamos a realizar varias tareas a la vez. Tienen que realizar los mismos tres proyectos que antes, pero esta vez, después de escribir una letra del proyecto M—U—L—T—I—T—A—R—E—A—D—A—Ñ—I—N—A, escriban un número del segundo proyecto, y luego un símbolo del tercer proyecto. Repitan la multitarea hasta que completen los tres proyectos y envíenselos a Abbie. ¿Están listos? Adelante.

Marc se da cuenta de que les gusta y, como era de esperar, esta vez tardan más. Después de un rato, el teléfono de Abbie empieza a sonar y avisa cuando recibe el último mensaje. Recibió el primer mensaje en 137 segundos y el último en 256 segundos.

La mayoría está en silencio. Algunos sienten curiosidad por saber cuánto tiempo les tomó personalmente completar los proyectos con y sin multitarea, así que Abbie se los dice.

—Interesante —admite Noah—. No estoy seguro de por qué, pero tienes razón, Marc. Al realizar multitareas, los mismos proyectos les tomaron mucho más tiempo a las mismas personas.

—Sé que es una sorpresa —le dice Marc—, pero perdemos mucho tiempo yendo de un proyecto a otro. Si limitamos la multitarea, seremos mucho más eficientes. Haremos más cosas y más rápido.

Abbie estudia su teléfono.

—También puedo decir que en la parte de multitarea hubo significativamente más errores.

—Tiene sentido. —Marc se alegra de que haya sacado el tema—. Si reducimos la multitarea, probablemente tendremos menos problemas de calidad.

—Así que quieres que hagamos menos multitareas. Pero, ¿cómo vamos a hacerlo bajo la presión de avanzar en tantos proyectos? —Noah se muestra escéptico.

—Tienes razón, es casi imposible hacerlo con tantos proyectos. Por eso me gustaría que cada uno de ustedes trabaje sólo en dos o tres proyectos —responde Marc.

—¿Y el resto?

—A partir de ahora limitaremos el trabajo en proceso. En

cuanto terminemos un proyecto, lanzaremos el siguiente. Para empezar, congelaremos temporalmente la mitad de los proyectos.

Todos comienzan a hablar. El consenso general es que Marc está loco. Marc puede oír a Linda, su experta en *software*, diciéndole en voz baja a Noah:

—¡Nunca funcionará!

—¿Qué crees que pasará? —le pregunta Noah.

—Conseguirá aguantar un par de semanas como mucho, y luego nos presionará para que pongamos en marcha todos los proyectos que congeló —responde Linda.

—Puedo verlo —le dice Noah—. Entonces, ¿por qué te importa? Pensábamos que nos iba a pedir que viniéramos a trabajar todos los fines de semana de inmediato. En vez de eso, nos lo pedirá dentro de unas semanas.

Marc se da cuenta de que no están convencidos.

—Oigan, vamos a intentarlo —dice Marc.

—Marc, con todo respeto, ¿de verdad crees que si un cliente llama y dice que hay problemas con el *software* no me vas a pedir que deje a un lado lo que esté trabajando y me dedique a eso? —interviene Linda.

—Buen punto, Linda. —Marc ya había discutido esto con Abbie; es un problema—. Esto seguirá siendo una prioridad para ti. Pero pase lo que pase, no te pediré a ti ni a nadie que dejen lo que están haciendo si están en medio de una tarea. La mayoría de sus tareas duran unas horas e incluso el problema más urgente puede esperar unas horas. Si empiezan una tarea, la terminan.

—¿Y las consultas sobre producción o integración? —pregunta alguien.

—Buena pregunta. —Marc quiere demostrar que asumirá parte de la carga. También quiere ver si se puede hacer algo para reducir estas interrupciones—. Mándenmelas todas a mí. Conozco todos los proyectos y haré todo lo que pueda para ocuparme del mayor número posible. Mantengamos la multitarea al mínimo.

Todos se dan cuenta de que Marc está decidido, pero no se imaginan que pueda controlar el WIP. Algunos están completamente en contra de la idea. Otros dicen que podrían disfrutar de un poco de tiempo con menos estrés antes de que vuelva la locura. Marc no dice una palabra.

Pasa algún tiempo hasta que la sala se queda en silencio. Todos miran a Marc.

—Agradezco sus preocupaciones, pero esto es lo que vamos a hacer. Todos tenemos mucho que ganar si averiguamos cómo reducir la multitarea y acortar los tiempos de entrega. A partir de mañana congelaremos la mitad de los proyectos. La mayoría de ustedes ya están trabajando en los proyectos más urgentes, así que seguirán haciendo lo que hacen, pero algunos recibirán nuevas asignaciones. Me gustaría que se apeguen a sus prioridades. Trabajen en su prioridad número uno hasta que acaben con ella y sólo entonces pasen a la prioridad número dos y así sucesivamente. En cualquier caso, nadie trabaja en los proyectos que están congelados.

Marc explica que esta tarde enviará por correo electrónico la lista actualizada de asignaciones.

Termina la reunión y todos vuelven a sus escritorios. Ya han tenido su ración de «cambios del mes». Se espera que lo intenten, pero nadie cree realmente que vaya a funcionar.

11

El error en la idea de empezar antes

Un par de días después, Marc está haciendo la ronda matutina en el departamento de ingeniería. Consciente del poder de la inercia, se asegura de que nadie esté trabajando en los proyectos congelados.

Suena el móvil de Marc. Es su padre. Quiere a Marc en su oficina lo antes posible.

Poco después de que Doolen se fuera, Isaac tuvo noticias de uno de sus clientes que había aprobado su propuesta hace un par de meses. El cliente está muy preocupado. Su gente se comunicó con Wilson para solicitar un cambio y se enteró de que actualmente no están trabajando en su proyecto.

Marc se prepara mientras camina hacia el despacho de su padre. Esta conversación tenía que producirse tarde o temprano. Quizá sea mejor que sea antes. No se siente cómodo escondiéndole información a su padre.

Sophia está en su escritorio fuera de la oficina de su padre. Le hace un gesto a Marc para que entre. Su padre lo está esperando.

—Cuéntame —Isaac no pierde tiempo.

Marc intenta calmar los ánimos.

—Todos queremos lo mismo —empieza—. Queremos cumplir las fechas de entrega. Por eso, cuando recibimos un nuevo proyecto, nos ponemos a trabajar de inmediato. Suponemos que cuanto antes empecemos a trabajar en él, más posibilidades tendremos de terminarlo a tiempo.

—Correcto.

—Espera un momento —responde Marc—. Empezar pronto con todos los proyectos significa que tenemos más proyectos en WIP. Mientras más proyectos tenemos, más tiempo perdemos yendo de uno a otro. Empezar tan pronto con cada proyecto no aumenta las posibilidades de terminarlo a tiempo. Más bien pone en peligro la posibilidad de que terminemos a tiempo cualquiera de los proyectos.

Isaac se toma un minuto para pensarlo.

—Quiero llegar a un punto en el que tengamos menos proyectos en WIP en cualquier momento —Marc continúa—. Así reduciremos la multitarea y conseguiremos que entren y salgan mucho más rápido. Así conseguimos lo que deseábamos, acortamos el tiempo de entrega, y cumplimos la fecha de entrega.

—Sigue.

—Lo único es que, para empezar, necesitaba aligerar un poco la carga de los ingenieros, así que congelé temporalmente algunos de los proyectos previstos para más adelante.

—Ya veo.

Parece que su padre está dispuesto a escuchar, así que Marc entra en detalles. Cuando termina, añade:

—Es una forma mucho mejor de gestionar el flujo de los proyectos. Piénsalo: para empezar pronto, apenas teníamos un proyecto se lo asignábamos a uno de los gerentes, y si ese gerente se retrasaba con uno de sus proyectos anteriores, no se trabajaba mucho en el nuevo, a veces hasta que era demasiado tarde. Ahora, mantengo los proyectos en una lista central. En cuanto uno de los gerentes de proyecto termina un proyecto, le asigno el siguiente de la lista. Así la carga se reparte mejor entre los gerentes de proyecto.

Es sentido común. Isaac está impresionado. Puede que sea lo que ha estado buscando todos estos años; la forma eficaz de gestionar el departamento de ingeniería. Isaac da golpecitos con los dedos en el escritorio. Tomó la dura decisión de vender la empresa porque no veía otra salida, pero Marc cree que la ha encontrado. Si Marc tiene éxito, los sacará del atolladero, pero, aunque Marc está entusiasmado, sus posibilidades de éxito son escasas. Isaac quisiera que Marc lo hubiera descubierto hace un par de años. Le habría encantado probarlo con él. Pero cambios de esta magnitud llevan mucho tiempo y muchos de ellos no dan los resultados deseados. Este es especialmente arriesgado; si no reducen el tiempo de entrega lo bastante rápido, pueden poner en peligro los proyectos que actualmente están congelados. Podrían caerse de bruces antes de que Marc se diera cuenta. Isaac desearía tener más tiempo, pero tiempo es lo único que no tiene.

El único sonido en la habitación es el golpeteo de los dedos de Isaac. Tiene que decidirse. Negarse a que Marc siga con su iniciativa es el camino equivocado. Isaac no quiere arruinar la buena relación que tiene con su hijo. Tampoco quiere que Marc se levante y se vaya. Isaac decide que, por ahora, no impedirá que Marc pruebe esta nueva forma de gestionar su departamento. Le dará algo de espacio, pero seguirá con su plan de vender.

—Este es un movimiento audaz, hijo —dice Isaac, y continúa con voz severa—: No metas la pata. Me reuniré con la gente de Laramie la semana que viene.

Laramie es una de las empresas de mayor crecimiento en la industria y todo el mundo está al corriente de sus compras recientes. A Marc no le hace ninguna gracia oírlo. Pero por ahora cuenta con el consentimiento de su padre. En este momento es todo lo que puede esperar. Cruza los dedos bajo la mesa y promete a su padre que sabe lo que hace.

———

Marc vuelve para terminar su ronda en el departamento y se dirige a su oficina. Apenas se sienta, suena su móvil. Es su hermana. Justo lo que necesita ahora.

—Marc, ¡qué demonios! Tercer pedido de producción en una semana, ¡¿otra vez?! ¡¿O te retrasas en las fechas a las que te comprometes, o terminas tres proyectos en una semana?! ¿Qué te crees que soy, un mago? ¡¿De dónde voy a sacar la capacidad para producir las piezas de tres proyectos al mismo tiempo?! Cuántas veces tengo que decirte...

Sam sigue gritando, pero Marc ya no escucha. «Terminar tres proyectos en una semana», está pensando. «¿Dónde ha visto esto últimamente?»

Marc pone el móvil en su escritorio. Sam gritará por un rato, pero no tiene por qué cogerlo. Abre la presentación del profesor Silver y busca la ilustración de la multitarea dañina. Mira las filas de rectángulos y cuadrados en la pantalla. Ahí está. En la fila inferior, cuando se hacen varias tareas simultáneamente, todos los proyectos terminan casi al mismo tiempo. ¿Es posible que la multitarea también contribuya a la fluctuación de la carga de trabajo en la fila inferior? Probablemente sí. Si van y vienen de un proyecto a otro, trabajando en todos al mismo tiempo, no es de extrañar que también los terminen más o menos al mismo tiempo. Y eso provoca fluctuaciones en la producción: hay momentos en los que nos están esperando y otros en los que están desbordados. Y, por supuesto, el departamento de integración sigue presionándolos para que entreguen. Marc recuerda la época en que dirigía el departamento de integración. Se quejaban constantemente de los picos y retrasos en la carga de trabajo. Parece que todo empieza en ingeniería. La multitarea en ingeniería no sólo les quita tiempo, sino que también merma la capacidad de los demás departamentos. No es de extrañar que su hermana esté harta de ellos.

Pero, si ése es el caso, controlar el WIP, trabajar en muchos menos proyectos a la vez y empezar un nuevo proyecto sólo cuando se haya completado el anterior también debería resolver este problema. ¿Verdad?

—Hola, Marc, ¿estás ahí? ¿Me estás escuchando?

Marc coge el teléfono y dice:

—Lo siento, Sam. Creo que he encontrado la manera de evitar estos picos a partir de ahora. Estoy probando algo nuevo.

—¡Más te vale!

Por segunda vez en una hora, Marc cruza los dedos y promete que sabe lo que hace.

12

La dinámica de las teorías
y las tendencias

Es viernes por la tarde de la semana siguiente. Marc se está preparando para salir cuando Abbie aparece en la puerta de su despacho.

—¿Tienes un minuto?

—¿Qué pasa?

—Puede que tengamos un motín en proceso.

Abbie le cuenta a Marc que un par de gerentes de proyecto han empezado a hablar de volver a trabajar en proyectos que estaban congelados. No tienen nada en lo que trabajar, y otros más están considerando unirse a ellos.

—¿Qué pasa con los proyectos en los que se supone que están trabajando?

Abbie no está segura.

Marc le pide que lo investigue antes de tomar decisiones

precipitadas. Tiene que irse pronto porque tiene planes para la noche.

═══════════

Una hora más tarde, Marc está sentado en un elegante restaurante. La mesa está cubierta con un mantel blanco y está preparada para dos personas. Marc espera que su cita no se retrase. Tiene hambre.

Tim, su compañero de gimnasio, lo convenció para que salga con su vecina.

—Es genial —le aseguró Tim—, saldría con ella si no estuviera casado.

Una mujer alta y delgada entra en el salón principal y mira a su alrededor. Marc sólo tuvo tiempo de echar un vistazo rápido a su foto en las redes sociales, pero sin duda es ella. Se levanta y ella lo nota y sonríe. Mientras se acerca a su mesa, Marc aprovecha para estudiarla. No es guapa, pero sin duda luce genial, concluye. Tim tenía razón.

—Hola, soy Tina —se presenta.

—Soy Marc. —Un apretón de manos parece demasiado formal. Le ofrece un ligero abrazo, que ella acepta.

Mientras repasan el menú, Marc se alegra de que ella lo acompañe con el vino.

—¿Está bien un Merlot?

—Claro. —Tina se apunta—. Me gusta el vino tinto con mi bistec.

Marc se siente aliviado. Demasiadas citas a ciegas acabaron ahí, cuando a su cita no le gustaba el alcohol o seguía una de esas dietas extremas en las que lo único que comía era una ensalada sin aliño.

El sumiller llega con el vino y procede con la ceremonia de abrir la botella y dársela a probar a Marc. El vino es bueno. Marc lo aprueba y el sumiller les llena las copas.

Mientras esperan la comida, Marc se entera de que Tina es arquitecta y diseñadora de interiores. Trabaja para una de las empresas más conocidas de la ciudad y se dedica sobre todo a casas particulares.

—¿Y tú? —pregunta Tina.

Marc no tiene ganas de hablar de trabajo, así que opta por hablarle del MBA para ejecutivos.

—Repasamos una amplia gama de teorías de gestión. La mayoría son clásicas, otras están de moda.

Marc le dice que le parece interesante que algunas grandes teorías de gerencia se desvanezcan y otras permanezcan durante mucho tiempo, aunque no sean ampliamente aceptadas.

Tina es consciente de la dinámica de las tendencias y teorías en su campo.

—Algunas tendencias se convierten en parte de la norma, por lo que ya no se consideran tendencias —dice—, y algunas tendencias no deberían haber nacido en primer lugar.

—¿Cómo cuáles?

—Como los topes de cocina de vidrio. Estuvieron en todas las revistas y exposiciones de alto nivel durante un tiempo, y gracias a Dios desaparecieron.

—¿Cuál es la tendencia actual? —Marc busca mantener la conversación.

—Bueno —Tina está pensando—, el espacio abierto entre la cocina y el salón ha sido el camino a seguir durante un tiempo, y ahora están intentando trasladar este concepto al dormitorio principal y unirlo con el cuarto de baño.

—Puedo ver el atractivo para los recién casados... —Marc sonríe con un guiño.

—Sí, la pregunta es si les seguirá gustando cuando pase la fase de la luna de miel —Ríe Tina.

La camarera recoge los platos y pregunta si desean postres. Ambos prefieren terminarse el vino.

Ha resultado ser una velada muy agradable. Marc da el último sorbo a su copa de vino y piensa: «Ojalá pudiéramos tomar otra botella en mi casa».

Se da cuenta de que estaba hablando en voz alta cuando Tina sonríe y dice:

—Cuenta conmigo.

13

El kit completo

A la mañana siguiente, después de hacer ejercicio, Marc se da una ducha rápida en el gimnasio para no llegar tarde a clase. Cuando saca su teléfono del casillero, ve un correo electrónico de Abbie. Noah, que había iniciado el motín, no tiene nada que hacer. No puede trabajar en su proyecto prioritario porque le faltan algunos requerimientos finales. Cuando empezaron a trabajar en este modelo, enviaron una consulta al cliente sobre estos requerimientos y siguieron adelante. Ahora Noah descubre que no han recibido respuesta del cliente. Como iban y venían de un proyecto a otro, era fácil que se les escaparan detalles como este. Noah no puede trabajar en su segundo proyecto porque también falta algo. Así que quiere volver a trabajar en su proyecto anterior, que estaba congelado.

Sin tareas que repasar, Rick empieza la clase de otra manera.

—La última vez hablamos de la regla del flujo para controlar el WIP. ¿Alguna pregunta?

Kiara dice que están estudiando la opción de implementarlo en la división de TI, y ya se dan cuenta de que congelar proyectos no detendrá muchas de las multitareas diarias. Los responsables de otros departamentos están tan acostumbrados a interrumpir a los informáticos cada vez que necesitan algo, que con seguridad será un problema. Parece que la multitarea es parte de su cultura.

Shonda dice que en el departamento de *marketing* están pensando en instituir el «horario de los sábados» como parte de la jornada laboral regular.

Ella misma lo explica.

—Uno esperaría que la oficina estuviera vacía los sábados, pero no es así. Algunas personas se dan cuenta de que las constantes interrupciones les impiden trabajar durante la semana. Así que vienen unas horas el sábado para completar sus tareas.

Shonda continúa:

—Deberías verlos un sábado. No hablan con nadie. No leen correos electrónicos. No contestan el teléfono. Bajan la cabeza y hacen su trabajo.

—Ya veo —dice Kiara—. Estás pensando en tener horas obligatorias de «sin interrupciones» durante el día.

Marc dice que tienen otra idea.

—Después de congelar los proyectos, esperaba que la multitarea se redujera al mínimo, pero pronto me di cuenta de que seguían consultándose constantemente. Basta con que un ingeniero se distraiga un par de veces para responder a las preguntas de sus compañeros, y cada vez sólo tardan veinte, veinticinco minutos en volver a su trabajo, pero para entonces la mañana está prácticamente arruinada.

Marc le cuenta a la clase que, para concientizar a la gente, introdujo el tarro de donaciones de pizza. Cada vez que interrumpen a alguien cuando esa otra persona está en medio de una tarea, tienen que donar un dólar al tarro de pizza.

—Cuando el pote se llena, compramos pizza para todos para el siguiente almuerzo. Los primeros días almorzábamos *pizza* casi todos los días, pero ahora han entendido y hay muchas menos interrupciones.

Rick quiere asegurarse de que escuchó bien.

—¿Ya congelaste proyectos? ¿Cuántos congelaste?

—Cincuenta por ciento —dice Marc.

Rick está impresionado. Marc no habla mucho en clase y Rick no tenía ni idea de que se lo tomara tan en serio.

—¿Y cómo está funcionando hasta ahora? —pregunta Rick.

—En realidad, creo que congelamos demasiados proyectos. —Marc le cuenta a la clase el problema con el que se encontró Noah.

Rick no se sorprende.

—Necesitas el kit completo.

Marc no está familiarizado con el término.

—Déjenme que les explique —dice Rick, y se vuelve hacia la clase—. Uno de los obstáculos más notorios del flujo es la necesidad de detenernos a menudo porque nos falta algo que es esencial para seguir adelante. «Kit completo» significa que antes de empezar una tarea o un proyecto, primero verificamos que tenemos todo lo que necesitamos para completarlo.

Este es un concepto clave, así que Rick quiere asegurarse de que todos lo entiendan.

—Permítanme mostrarles lo que quiero decir. Supongamos que quieren pintar una habitación de su casa. Tómense un par de minutos y escriban el kit completo; la lista de todas las cosas que tienen que preparar antes de empezar.

Los alumnos siguen el juego y alguien se ofrece como voluntario para escribir su lista en la pizarra.

Kit completo para pintar una habitación

Bandeja de pintura	Trapos de limpieza
Pintura para pared	Pincel en ángulo de 2″
(satinada/gris, 2 galones)	Cinta adhesiva
Pintura para molduras	Paños
(semibrillante, blanca, 1 galón)	Escalera de mano
Pintura para techo	Marco de rodillo
(mate, blanca, 1 galón)	Funda de rodillo (1/2″)
Palitos para revolver	Poste de extensión

—Veo que aquí hay pintura, y rodillos, y cinta adhesiva y otras cosas. ¿Es esto un kit completo? —pregunta Rick.

—No —dice Marc—. Si quieres hacer un buen trabajo pintando la habitación, también necesitas un destornillador, algún tipo de masilla, una espátula y papel de lija.

—Excelente —afirma Rick—, esa es precisamente la cuestión. Puedes tener listos todos los elementos de la lista y, en cuanto empiezas a trabajar, tienes que parar porque no tienes los materiales necesarios para ocuparte de los tornillos y clavos en las paredes.

Rick añade los elementos que Marc mencionó a la lista de la pizarra y pregunta:

—¿Es esto un kit completo?

—Depende. Las cantidades de pintura que necesitarás dependen del tamaño de la habitación. — Charlie está que vuela—. También necesitarás una pintura base si la habitación estaba previamente pintada de un color más oscuro, y si estaba previamente cubierta con papel tapiz necesitarás cosas para quitarlo, y...

—Ese es un punto importante. —Rick hace un gesto a Charlie para que se detenga—. Cada proyecto tiene sus particularidades y su kit completo debe detallarse conforme a ellas.

Rick mira la pizarra y se da cuenta de que debe hacer otra puntualización.

—El kit completo debe contener todo lo necesario. No sólo los elementos físicos.

—Justo estaba pensando en eso —dice Shonda—. Si mi marido piensa pintar una habitación sin que yo apruebe el color, que Dios lo ayude.

—Cierto —dice Kiara—. Y si mi marido piensa pintar una habitación sin que lo haga un profesional, que Dios nos ayude a todos.

Todos se ríen.

—Las aprobaciones y los recursos son elementos clave en muchos kits completos —coincide Rick—. El kit completo es una lista de control que contiene todos los elementos necesarios para completar una tarea o un proyecto.

—Y no empiezas a trabajar hasta que verifiques que todas las casillas del kit completo están marcadas —dice Shonda.

—Tiene sentido —dice Kiara—. ¿Por qué íbamos a empezar a trabajar en un proyecto para dejarlo un poco más tarde? Luego pasamos al siguiente proyecto y al siguiente, y es una receta para tener demasiados proyectos incompletos y una mala multitarea.

Marc puede hablar por experiencia.

—Con demasiados proyectos abiertos, y la opción de pasar siempre a otro, es probable que olvidemos darle seguimiento y asegurarnos de obtener lo que falte.

—El kit completo es esencial para respaldar el control del WIP —dice Rick.

Marc lo entiende. El kit completo es la clave. Sin él, es probable que su equipo desperdicie el valioso tiempo que ganó al congelar los proyectos.

Rick prosigue.

—¿Qué opinan de un kit completo que no está por escrito? Shonda no duda.

—Es inútil. Puedo decirles con certeza que, si la lista no está por escrito, seguro que nos olvidamos de algunas cosas.

Rick sonríe. No hay duda de que Shonda es una ávida usuaria de las listas.

—Así es. ¿Y quién debería encargarse de preparar el kit completo?

—Un experto —responde Shonda—. Alguien con profundos

conocimientos del tema, que conozca los detalles específicos necesarios para completar el proyecto.

Rick asiente.

—¿Qué creen que ocurrirá si el profesional que contrata el marido de Kiara decide que no tiene tiempo de preparar el kit completo antes de empezar a pintar su casa y le delega esa tarea a su nuevo ayudante?

—Es muy probable que el proyecto se paralice porque faltarán cosas esenciales. —Kiara parece hablar por experiencia.

—En todos los proyectos hay incertidumbre —dice Rick—, así que sabemos que no siempre podemos predecir todo lo que podemos necesitar. Pero, para maximizar las posibilidades de que el proyecto no sufra retrasos, los expertos son los que deben encargarse del kit completo. Es un uso mucho mejor de su tiempo que resolver emergencias causadas por cosas que faltan.

—¿Cómo se determina dónde se necesita un kit completo? —llega una pregunta desde la esquina. Ted ha estado callado hasta ahora.

Es una pregunta excelente. Rick casi lamenta que fuera Ted quien la formulara.

—Bueno, tienes que examinar tus operaciones e identificar todas las intersecciones en las que empiezan las tareas importantes; intersecciones en las que hay una sincronización entre recursos o hay un traspaso del trabajo al siguiente recurso de la fila. En cada una de estas intersecciones debe haber una compuerta. Cuando una tarea o un proyecto llega a la compuerta, ésta debe cerrarse. No se permitirá que el siguiente recurso en línea empiece a trabajar en esa tarea o proyecto antes de verificar que tiene el kit completo.

—Entonces, ¿la primera compuerta debe estar en el punto de partida de los proyectos, y las compuertas adicionales deben establecerse más adelante, según sea necesario? —Shonda quiere asegurarse de que lo entiende.

—Correcto. El esfuerzo inicial consiste en identificar en qué parte de la operación debe haber compuertas. Luego hay que designar a alguien que se encargue de vigilarlas. Cada vez que una tarea o un proyecto llegue a una compuerta, el vigilante comprobará que tiene el kit completo y sólo entonces abrirá la compuerta, permitiendo que continúe el trabajo.

—¿Y sólo ahora es que nos habla de esto? —murmura Ted—. Podría haberme ahorrado muchos disgustos si hubiera empezado el curso con esto.

Rick se muerde la lengua para no hablar. Su madre se lo enseñó hace muchos años.

—Vamos, Ted —dice Marc—. El profesor Silver dijo al principio que diferentes reglas de flujo son más relevantes para diferentes entornos.

Shonda tiene menos paciencia que Marc.

—Con el debido respeto, Ted, para ti puede ser mejor empezar implantando un kit completo, pero para otros será una pérdida de tiempo elaborar los kits completos para proyectos que se van a cancelar durante el triaje.

—O dedicar un tiempo valioso a preparar kits completos para proyectos que van a estar congelados durante un tiempo al empezar a controlar el WIP —dice otra persona.

Ted se calla. Necesita tranquilizarse.

Rick quiere asegurarse de que esta vez les da los deberes pronto.

—Esto es lo que me gustaría que hicieran para nuestra próxima clase. Examinen su operación y determinen dónde deben tener compuertas. En cada una, decidan quién es la persona o personas adecuadas para encargarse de la preparación completa y quién debe ser el portero. Describan el proceso de apertura de la compuerta, el proceso de verificación del kit completo y la confirmación de que puede comenzar la siguiente tarea. Por último, a modo de ejemplo, elijan un proyecto y anoten todos los kits completos que necesitarán en las distintas compuertas.

Un murmullo de protesta recorre la clase. —¡Eso es mucho trabajo!

—¡Necesitamos más tiempo!

—Bien —dice Rick—. Le parece bien que entreguen las tareas después de la clase siguiente. De todos modos, tiene un invitado para la próxima clase.

Hay tiempo suficiente para preguntas y los estudiantes tienen muchas.

———————

Ya es de noche cuando Marc vuelve de la universidad. Está ansioso por contarle a Abbie lo del kit completo, pero no es muy apropiado llamarla un sábado por la noche.

Abbie contesta al tercer timbre.

—Hola Marc, ¿está todo bien?

Es agradable oír su voz.

—Sí, sólo quería decirte que sé cómo poner fin al motín. ¿Tienes un minuto?

—¡Eso es genial! —Abbie suena como si tuviera un poco de prisa—. ¿Puede esperar hasta el lunes? Alguien me recogerá pronto y tengo que prepararme.

Retirada total.

—No te preocupes, disfruta tu cita.

Abbie no lo niega.

—¡Gracias!

14

Preparación durante la cuenta regresiva

El lunes por la mañana, Marc reúne a todos los gerentes de proyecto en la sala de conferencias. Quiere asegurarse de que cada uno de los proyectos tiene un kit completo para que los ingenieros puedan seguir trabajando.

—¿Recuerdan que la última vez que estuvimos aquí quería demostrar el efecto de la multitarea? —empieza Marc—. Se me ocurrieron los tres «proyectos» y las instrucciones para completarlos con y sin multitarea. Escribí las instrucciones e imprimí suficientes copias. Me aseguré de que Abbie estuviera lista para marcar el tiempo, pero me olvidé de traer suficientes bolígrafos para todos.

—Sí —sonríe Abbie—, fue una movida acertada pedirles que usaran sus teléfonos.

Marc agradece las amables palabras, pero esa no es la

cuestión.

—El punto es que esa jugada me salvó porque no me había asegurado de que tenía el kit completo.

Marc les explica el concepto y les sugiere que practiquen escribiendo los kits completos necesarios para empezar a trabajar en sus proyectos más prioritarios. No se tardan mucho en hacerlo y no es casualidad que las listas sean bastante similares. Contienen todos los requisitos del cliente, el presupuesto, las normativas y estándares de la industria que necesitan seguir, los entregables acordados con los clientes y algunos otros elementos, dependiendo de si tienen que construir un prototipo para el proyecto o no.

—Lo que me gustaría que hicieran en cuanto vuelvan a sus escritorios es verificar que tienen un kit completo para todos sus proyectos activos. Si les falta algo, háganmelo saber. Después, los que puedan seguir trabajando en su prioridad principal, vuelvan al trabajo. Los que estén atascados, vengan conmigo y haremos lo que sea necesario para preparar todos los kits completos lo antes posible.

—¿Y los próximos proyectos y los siguientes? —pregunta Noah.

—Buena pregunta. —Marc está preparado—. Imagina que el punto de entrada a nuestra operación tiene una puerta física. A partir de ahora, abriremos la compuerta y empezaremos a trabajar en el siguiente proyecto sólo si tiene el kit completo.

—¿Puedes garantizarnos que nos dirás con suficiente antelación cuál será nuestro próximo proyecto, para que podamos preparar el kit completo a tiempo? —pregunta Noah.

Marc recuerda que el profesor Silver lo llamaba en clase

«cuenta regresiva»: ¿Con cuánta antelación, antes de empezar a trabajar en un proyecto, hay que empezar a preparar el kit completo?

No hace falta una larga discusión para entender el proceso.

—Para que esto funcione, tenemos que ser meticulosos — aclara Marc—. Seré yo quien vigile la compuerta y esperaré un kit completo cada vez.

Noah no se alarma.

—Aquí a nadie le gusta perder el tiempo. Sólo asegúrate de avisarnos de nuestra próxima misión con suficiente antelación, como acabamos de acordar.

La reunión termina y Marc pasa el resto del día ayudando a los jefes de proyecto a conseguir lo que falta. Cuando los correos electrónicos no son suficientes, recurren al teléfono.

════════

Mas tarde en la tarde, Marc está en su computadora cuando Abbie entra en su despacho con café y un par de sándwiches. Marc se da cuenta de lo hambriento que está. No le extraña, estaba demasiado ocupado para almorzar. Invita a Abbie a pasar y toma agradecido el sándwich que ella le ofrece. No han tenido ocasión de hablar desde la breve llamada telefónica del sábado por la noche.

—Entonces, ¿qué opinas? —pregunta Marc mientras desenvuelven los sándwiches.

—¿Sobre el motín? —Sonríe Abbie—. Evitamos la batalla. ¿Cómo nos aseguramos de que la gente no termine nuevamente sin un kit completo?

—Déjame enseñarte. —Marc inclina la pantalla del computador para que Abbie pueda ver lo que estaba haciendo. Es un tablero WIP que contiene todos los proyectos en los que están trabajando actualmente.

El tablero WIP tiene cinco columnas y una fila para cada uno de los gerentes de proyecto. La segunda columna se titula: En espera.

—Estos son los proyectos que siguen —explica Marc—. Tan pronto como pongo un proyecto en esta columna, lo asigno a un gerente de proyecto y le hago saber que necesita comenzar a preparar el kit completo.

El tablero WIP de ingeniería

Gerente de Proyecto	En espera	WIP	En pausa	Terminado
1) Noah	☑ ☑	☑	☑ ☑	
2) Abbie	☑ ☑	☑ ☑	☑	
3)	☑ ☑	☑	☑ ☑	
4)	☑ ☑	☑ ☑ ☑		
5)	☑	☑ ☑	☑	
6)	☑	☑ ☑	☑	
7) Linda	☑	☑		

—Ya veo —dice Abbie, y mira la tercera columna, titulada WIP. Reconoce los proyectos—. Estos son los proyectos en los que estamos trabajando actualmente.

—Correcto —confirma Marc—. Nuestra compuerta está entre la columna En espera y la columna WIP. Antes de meter un proyecto en WIP, verificaré con el gerente de proyecto asignado que tenga preparado el kit completo.

Marc señala la cuarta columna.

—A ésta la llamé: En pausa. En este momento tiene bastantes proyectos porque acabamos de empezar con el kit completo. En el futuro, espero ver esta columna lo más vacía posible. Cuando alguien se atasque, quiero saberlo enseguida y devolver el proyecto a la columna WIP lo antes posible.

Abbie está impresionada.

—Eso es de sabios. Si un proyecto entra en la columna de proyectos En pausa por una razón aleatoria, te ocupas de él y sigues adelante. Pero si ves que los proyectos siguen atascados por la misma razón, eso significa que deberíamos habernos ocupado de ellos antes.

—Exactamente. Así que lo añadiremos a nuestro kit completo.

Abbie vuelve a mirar el tablero WIP.

—Y obviamente la última columna es: Terminado.

—Tener un número considerablemente menor de proyectos en el flujo aporta una claridad que no teníamos antes —afirma Marc—, y el tablero WIP me permitirá ver el panorama completo, controlar el trabajo en curso y garantizar el cumplimiento del kit completo en la compuerta.

—Me gusta —dice Abbie—. Puede que cree mi propio tablero WIP, si no te importa.

—Por supuesto. El tablero WIP es especialmente útil a nivel de tareas. Especialmente porque, como nuestra experta en mecánica, participas en muchos de los otros proyectos.

Abbie se da cuenta de eso.

—Incorporaré las tareas de los proyectos que estoy gestionando, más las tareas de los otros proyectos que necesitan mi ayuda.

Marc sonríe.

—Mi intención es limpiar la última columna cada mes, pero apuesto a que nunca quitarás ningún ítem.

Abbie le devuelve la sonrisa.

—Así soy yo. Disfrutaré viendo cómo se acumulan las tareas terminadas.

—Hablando de disfrutar —Marc se toma las cosas con calma—, siento haberte interrumpido el sábado por la noche. Espero que lo hayas pasado bien.

—Ay, querido. —Abbie sacude la cabeza al recordarlo—. Una cita a ciegas terrible. Aproveché la primera oportunidad para largarme.

15

Suficiente peso, suficientes repeticiones

Temprano en la mañana, Marc entra en el gimnasio y ve a su amigo Tim. Ambos tienen años de experiencia en el entrenamiento con pesas y están acostumbrados a entrenar juntos. Un principiante puede pensar que se trata de hacer un poco de todo para cubrir todos los músculos en cada entrenamiento. Pero el entrenamiento adecuado es muy diferente. La idea es trabajar menos grupos musculares en cada sesión, pero con suficiente peso y suficientes repeticiones para fatigar adecuadamente los músculos y desarrollar su fuerza. Al mismo tiempo, permite que los músculos que trabajaste la última vez descansen y se recuperen adecuadamente.

Marc y Tim terminan de calentar y siguen con su rutina para la parte superior del cuerpo. Tim comienza sus press de banca y Marc se coloca a su lado, listo para ayudar.

—Dos más —dice Marc cuando Tim está a punto de terminar su primera serie. Ve a Tim en su último empuje, y lo ayuda a poner la barra en su lugar.

Tim descansa un minuto antes de su siguiente set.

—¿Cómo te va con Tina?

—Salimos un par de veces más.

—¿Y?

—Y no es la correcta.

—Pensé que marcaría todas las casillas —dice Tim.

—Supongo que en el papel sí —coincide Marc—. Pero no se trata de marcar casillas.

Tim termina su serie y cambian de sitio. Marc ajusta las pesas en la barra. Utiliza más peso, por lo que necesita menos repeticiones para fatigar los músculos del pecho.

A continuación, cogen las mancuernas del soporte y se sientan en los bancos cercanos para empezar a hacer press de hombros.

—Entonces, ¿dónde conocen mujeres los hombres solteros hoy en día? —Tim sigue con la conversación.

—Todo el mundo utiliza las aplicaciones de citas —dice Marc, afirmando lo obvio—. Pero, personalmente, creo que estas aplicaciones hacen más mal que bien. Parecen útiles, porque ofrecen un sinfín de parejas potenciales. Pero lo que hacen en realidad es acostumbrar a la gente a cancelar a sus posibles parejas. Es demasiado fácil pasar a la siguiente.

—Puede ser —dice Tim—. Entonces, ¿qué otra opción tienes?

—Dímelo tú.

Marc comienza otra serie de prensas.

—Puedo decirte lo que no es una opción —dice Tim—.
Salir con alguien del trabajo. Pueden pasar demasiadas cosas
malas.

—Tienes razón. —Marc descarta un atisbo de pensamiento
sobre Abbie. Sabe exactamente de lo que Tim está hablando—.
Salir con alguien con quien trabajas no es una opción.

16

Dosificación

Rick entra en el aula con un par de invitados. Los invita a sentarse en la primera fila y comienza la clase.

—Hoy cubriremos otro obstáculo del flujo que se llama dosis o dosificación. Este no es tan común como la multitarea dañina o la falta de un kit completo, pero cuando obstruye el flujo, manejarlo puede significar una gran diferencia.

—¿Dosificación? —Kiara no está segura de haber entendido bien el término.

—Sí. Tal como suena. Se trata de la cantidad de trabajo. Se refiere a los entornos de proyectos en los que intentamos ocuparnos de demasiados proyectos al mismo tiempo y, como resultado, acabamos prestando muy poca atención a cada uno. Si la dosis o cantidad de trabajo es demasiado pequeña, nuestro trabajo es ineficiente, los proyectos obstruyen el flujo y obtenemos resultados deficientes. Por lo tanto, para mejorar el flujo y la calidad de nuestros resultados, tenemos que profundizar y proporcionar una dosis más grande de trabajo a cada proyecto antes de pasar al siguiente.

Rick se detiene cuando ve las miradas perplejas de los estudiantes.

—En lugar de hablar en términos teóricos, permítanme presentarles a un antiguo alumno mío, Bill Meyers. Bill es un alto directivo en una empresa local de aviación. Hace un par de años, supervisó la implantación de la dosificación en sus operaciones de mantenimiento de aeronaves y ha tenido la amabilidad de acompañarnos hoy para contarnos al respecto.

Bill se levanta y da las gracias a Rick por invitarlo.

—Hola a todos. Probablemente están familiarizados con el mundo de la aviación como pasajeros y son conscientes de las veces que los vuelos se retrasan o cancelan por problemas de mantenimiento. Pero me pregunto cuántos de ustedes están familiarizados con los esfuerzos colosales que se realizan tras bastidores para garantizar el buen mantenimiento de los aviones.

—Pareciera que hay margen de mejora... —comenta alguien.

—Siempre —asiente Bill, y continúa—. La seguridad de los pasajeros es nuestra máxima prioridad y, como tal, nos tomamos muy en serio el mantenimiento de los aviones. Nuestra operación se encarga de todo el mantenimiento programado, además de los problemas no rutinarios que reportan los pilotos o el personal de tierra, que a veces son urgentes, sobre todo si la aeronave está retenida en la puerta de embarque. No hace falta que les diga que los aviones son máquinas muy complicadas con docenas de sistemas y miles de piezas. El problema era que, en un momento dado, la mayoría de los aviones tenían alguna tarea vencida y pendiente.

Bill hace una pausa para explicarse.

—Las tareas pendientes por vencer se refieren a las inspecciones y controles que deben realizarse en todos estos sistemas y piezas cada cierto período de tiempo o después de una determinada cantidad de horas de vuelo.

Parece que todos lo siguen, así que Bill continúa.

—Como en un momento dado la mayoría de los aviones tenían alguna tarea pendiente por vencer, todos los días teníamos que trabajar en casi todas las aeronaves. Eso suponía un esfuerzo enorme que se complicaba aún más por el hecho de que a menudo no teníamos las piezas o los técnicos especializados en el mismo aeropuerto donde estaba el avión.

»Con tanto trabajo por hacer, y tengan en cuenta que diagnosticar y arreglar suele llevar más tiempo del previsto, nuestra capacidad se repartía entre muchos aviones y los técnicos realizaban constantemente múltiples tareas, corriendo de un avión a otro, solucionando problemas, moviendo recursos, gestionando el remolque y coordinándose con planificación, mantenimiento central, etcétera.

»Estamos bajo presión para liberar los aviones lo antes posible, ya que tenemos que reducir al mínimo el periodo de tiempo en que el avión está en tierra. Así que terminábamos realizando sólo los trabajos urgentes y más esenciales. Lo que explica aún más por qué, en un momento dado, la mayoría de los aviones tenían alguna tarea venciéndose, así que teníamos que trabajar en casi todos los aviones todos los días.

Bill toma aire y continúa:

—Después de aprender sobre dosificación en clase, empecé a preguntarme si una dosis insuficiente podría haber sido lo que causaba nuestros problemas de mantenimiento. Nos asociamos con una consultora especializada en aplicar las reglas del flujo de la Teoría de Restricciones y, tal como esperaba, la dosificación es una parte clave de nuestra implementación.

Rick se da cuenta de que todos en la clase están interesados.

—¿Puedes darnos más detalles?

—Por supuesto —Bill sonríe—. Las tareas programadas, como comprobar la presión del aire de los neumáticos y revisar la cabina, se siguen haciendo a diario como parte del mantenimiento nocturno. El cambio principal gira en torno al grueso del trabajo: las tareas pendientes por vencer. Pasamos de intervenir todos los aviones a diario a hacerlo cada dos semanas. Ahora, cada vez que intervenimos un avión le damos una dosis de trabajo mucho mayor que antes; los revisamos más a fondo y arreglamos y sustituimos cosas que van más allá de lo mínimo. Lo llamamos «limpieza profunda». Ahora podemos programar mucho mejor el mantenimiento y realizar la mayor parte en nuestros centros de mantenimiento. Las urgencias son muchas menos y más distanciadas, y el flujo es mucho mejor.

—Siempre que tengan el kit completo. —Rick entiende la situación.

—Por supuesto. —Bill no podría estar más de acuerdo—. Exigimos el kit completo de piezas, los paquetes de trabajo, los técnicos, los documentos, el historial de resolución de problemas, etcétera para cada aeronave programada. El kit completo es tan importante que lo hemos incorporado a nuestro nuevo conjunto de medidas e indicadores.

—¿Un nuevo conjunto de medidas e indicadores? —Shonda se interesa.

—No voy a entrar en los detalles de nuestras nuevas mediciones de rendimiento operativo y de flexibilidad, pero sí les diré que nuestros indicadores de desempeño de mantenimiento ahora incluyen el número de aviones en WIP, así como el cumplimiento del kit completo.

Charlie siente curiosidad.

—¿Cuál diría que ha sido el mayor obstáculo en esta implementación?

Bill se toma un minuto para pensar.

—Yo diría que lo más difícil fue convencer al personal de mantenimiento. Lo único que veían era que les pedíamos que hicieran más trabajo. Y, en cierto modo, lo hacíamos.

Charlie admite que no entiende.

—Piénsalo. —Bill sonríe—. Proporcionar una dosis de trabajo mayor para cada aeronave significa que realizamos no sólo las tareas que actualmente están pendientes, sino también las que caducarán en las próximas dos semanas. Si, por ejemplo, llega un avión y hay que inspeccionar los frenos la semana que viene, nos ocupamos de ello de inmediato. La inspección de los frenos se hace cada X cantidad de aterrizajes, lo que significa que el próximo mantenimiento de los frenos tendrá que hacerse antes, y así sucesivamente. Por lo tanto, si nos enfocamos en el óptimo local, si solamente nos fijamos en el mantenimiento de los frenos, los técnicos están haciendo de hecho más trabajo al año. Pero si nos fijamos en el panorama completo, en el óptimo global, dado que realizamos el mantenimiento de los frenos como parte de una limpieza profunda de otros sistemas, tocamos este avión muchas menos veces, hacemos muchas menos multitareas entre aviones, rara vez tenemos que volar con técnicos o piezas para mantener aviones en aeropuertos en medio de la nada. Nuestro flujo global es mucho mejor.

—Eso sí que es contraintuitivo —dice Kiara.

Bill está de acuerdo.

—Esta implementación incluyó algunos cambios importantes, pero yo diría que el mayor cambio se produjo en nuestra percepción. Antes pensábamos que maximizar la eficiencia de cada recurso, técnico o puesto de trabajo daría los mejores resultados globales. Pero ahora sabemos que la eficiencia local no se traduce en eficiencia global. Nuestro principal objetivo es maximizar el flujo.

Después de que Bill responde a algunas preguntas más, Rick se levanta y se dirige a la clase.

—Espero que ahora entiendan mejor lo que significa dosificar.

Marc piensa en ello. Parece complicado cuando se habla del mantenimiento de una flota de aviones, pero el concepto de dosificación es bastante sencillo. Es exactamente lo que hacen en el gimnasio cuando limitan cada entrenamiento a menos grupos musculares y utilizando suficiente peso y repeticiones.

—Dosificar es básicamente otra forma de controlar el WIP —explica Rick—. Cuando aumentamos la dosis al nivel adecuado, suele significar que reducimos el número de proyectos en los que trabajamos en paralelo, así que en realidad estamos reduciendo la multitarea dañina.

—Profesor Silver —interviene Bill—, si no le importa, antes de entrar en la teoría, nos gustaría compartir otra implementación. —Señala a la mujer que entró con él.

—Por supuesto —Rick se sorprende. Cuando Bill los presentó antes, tuvo la impresión de que su esposa sólo venía a hacerle compañía.

—Sandra, ¿continúas tú?

Sandra Meyers trabaja en el Departamento Correccional de su estado. Es la subdirectora a cargo de la división de libertad condicional y libertad bajo palabra para adultos.

Sandra toma el lugar de Bill al frente de la clase y empieza con un resumen.

—En nuestros programas de rehabilitación, tenemos el deber de garantizar la seguridad pública, así como de hacer todo lo posible para ayudar a los delincuentes que están bajo nuestra supervisión a no meterse en líos y reconstruir sus vidas. Estas personas están peligrosamente cerca de ir a la cárcel o acaban de salir y están luchando por acostumbrarse a la vida fuera de la cárcel. Suelen tener dificultades para conectarse con sus familiares, encontrar una vivienda estable y conseguir un trabajo fijo. Dado que contamos con un personal muy limitado, cada uno de nuestros funcionarios de prisiones tenía unos sesenta casos en un momento dado. Tradicionalmente, se partía de la base de que debíamos supervisar a los delincuentes durante un largo período de tiempo para asegurarnos de que no reincidieran. Cada delincuente recibía visitas personales de una hora cada dos semanas durante un período de hasta un año.

Todos escuchan. Sandra continúa:

—Los funcionarios de prisiones, o trabajadores sociales, como los llamamos nosotros, se quejaban todo el tiempo de lo cortas que eran estas visitas. Decían que para cuando conseguían rellenar el papeleo obligatorio casi se les había acabado la hora. Tuvimos un éxito muy limitado, pero no podíamos hacer gran cosa, ya que teníamos que atender a todos los delincuentes y no había forma de conseguir presupuesto adicional para más trabajadores sociales.

Sandra señala a su marido.

—Cuando Bill me habló del concepto de dosificación, algo hizo clic. Empecé a preguntarme si quizá sufríamos de un problema similar: suministrábamos una dosis de atención demasiado pequeña a demasiados delincuentes. Pero las personas no son aeronaves y no estaba nada segura de que esto pudiera funcionar.

—¿Cómo podemos saber cuál es la dosis adecuada? —se pregunta Shonda en voz alta.

—Eso es exactamente lo que me preguntaba —responde Sandra—. Me reuní con mi equipo y tratamos de calcular cuánto tiempo teníamos que dedicar a cada delincuente para tener posibilidades reales de ayudarlos a encauzarse. Lo primero de lo que nos dimos cuenta fue de que debíamos concentrar nuestros esfuerzos en los tres primeros meses de supervisión, ya que es el período crítico en el que enfrentan las mayores dificultades. Lo segundo de lo que nos dimos cuenta fue mucho más difícil de digerir. Para marcar la diferencia necesitábamos pasar con cada delincuente cerca de cien horas.

—¡Vaya! —Rick se asombra—. Pasar de una hora cada dos semanas durante un año a cien horas en tres meses es un aumento bastante grande de la dosis.

—A menudo es más que eso —dice Sandra—. Si el tribunal ordena un año de supervisión, tenemos que cumplirlo. A eso tendríamos que sumarle la dosis adicional de los tres primeros meses.

Todos están callados, preguntándose adónde va esto.

Sandra continúa:

—Nuestra primera reacción fue que no era factible. Pero seguimos jugando con la idea y al final se nos ocurrió el plan de cien horas de actividades estructuradas. Durante los tres primeros meses cambiamos la mayoría de las reuniones personales por reuniones de grupo para poder ver a cada delincuente al menos cuatro veces por semana. Además, a cada delincuente se le asignan tareas que debe realizar y sobre las que debe informar. Por ejemplo, si les conseguimos una entrevista de trabajo, el tiempo de la entrevista contaría como parte de las cien horas.

—¿Puede decirnos si esto está funcionando? —quiere saber Charlie.

—Bueno, a poco más de un año desde que empezamos, la respuesta tanto de los trabajadores sociales como de los delincuentes es muy positiva. Puedo decirles que ya estamos empezando a ver una reducción en el número de violaciones de la libertad condicional. Para la mayoría de nuestras otras estadísticas es demasiado pronto, pero esperamos que también reflejen resultados positivos.

Sandra se vuelve hacia Rick y dice:

—Y todo empezó cuando Bill me contó lo que aprendió en su clase sobre dosificación. Por eso quería venir hoy aquí y darle las gracias en persona.

Rick agradece sinceramente el gesto. Son casos de éxito extraordinarios, y le encantaría escuchar más. Los alumnos ya tienen los deberes para la próxima clase, así que pueden continuar.

—¿Alguna otra pregunta para Bill o Sandra?

17

El kit completo antes de la producción

Es media mañana de la semana siguiente. Marc está en su despacho revisando el tablero WIP en la pantalla de su computadora y asegurándose de que la cantidad de WIP está bajo control. Hay una presión constante para empezar a trabajar en más proyectos y es fácil descuidarse y permitir que aumente el número de proyectos en los que trabajan en paralelo.

Marc está satisfecho. Todos tienen sus prioridades asignadas; saben en qué trabajar y qué es lo siguiente en la fila. La columna En pausa sigue teniendo más proyectos de los que le gustaría ver, pero todos se revisaron y, como era de esperar, en la mayoría de los casos faltaba algo en el kit completo. Tener el kit completo listo antes de empezar a trabajar en un proyecto marcará una gran diferencia. Estos preparativos son tediosos y llevan tiempo, pero Marc dejó claro que no toleraría ninguna excepción.

Aunque siguen bajo presión para entregar algunos proyectos urgentes, el ambiente en el departamento se siente diferente. Siguen teniendo muchas interrupciones, pero en general, es más tranquilo y menos agitado que antes. Hay mucha menos multitarea y la gente puede concentrarse y hacer su trabajo. Están completando muchos proyectos que estaban en su fase final y todos están animados. Esto también contribuye a que los que estaban en contra de congelar se sumen a la iniciativa.

Suena su teléfono celular. Marc lo coge y suspira. Es su hermana.

Producción tiene que hacer un esfuerzo especial para gestionar la oleada temporal de proyectos terminados antes de que el flujo se estabilice. Ya le explicó la situación a Sam y creía que estaban de acuerdo.

—Soy Marc —contesta formalmente, y sostiene el teléfono a escasos centímetros de su oreja.

—Marc, ¡qué demonios! Tenemos que empezar con los H355, ¡y mi gente está atascada por tu culpa! ¡Solo mira los planos, por favor! ¡De nuevo tu gente está pidiendo funcionalidades que no podemos producir! Estoy bajo mucha presión y ¡tú sigues cometiendo errores! ¿Cuántas veces tengo que decirte...?

Cuando Marc finalmente logra decir algo, investiga qué es lo que está mal en los planos y promete enviar las correcciones de inmediato.

Aunque no aprecia su tono de voz, una vez más, su hermana

tiene razón. Marc se ha dado cuenta de cómo ha cambiado su percepción desde que empezó a pensar en términos de flujo. Había pasado por alto una compuerta importante: el paso de ingeniería a producción. A eso se refería exactamente el profesor Silver cuando les advirtió que observaran toda la operación y que, cada vez que un proyecto pasa a las manos siguientes, es necesario verificar el kit completo.

Busca información sobre el H355. Resulta que es uno de los proyectos de Abbie y es bastante complicado. Marc no puede enojarse con ella. Sin un kit completo para la producción y con tantas cosas en marcha, es probable que estos contratiempos ocurran de vez en cuando. Será mejor que no se meta con eso. Marc le envía a Abbie una solicitud urgente por correo electrónico. Pensándolo mejor, también quiere hablar con ella.

Abbie contesta al teléfono enseguida.

—Marc, recibí tu correo electrónico. Déjame encargarme de esto y te respondo.

Unas horas más tarde, Abbie entra en su despacho. Marc se pregunta por qué se tardó tanto.

—¿Todo bien con el H355? —pregunta.

—Sí, requirió un poco de atención, pero producción ya debería poder ponerse en marcha. —Abbie toma asiento y dice—: También me tomé un tiempo para preparar un borrador para el nuevo kit completo.

—¿Para la transferencia a producción? —Marc adivina.

—Sí. Revisé lo que enviamos a producción en algunos proyectos recientes, y también miré los correos de quejas que recibimos de ellos en el pasado. Los detalles del kit completo para producción están en tu correo.

Marc se vuelve hacia la computadora y revisa el correo electrónico. No se le ocurre nada que añadir. Abbie hizo un buen trabajo.

—¿Cómo sugieres que preparemos el kit completo de cada proyecto? —pregunta Abbie.

Marc se toma un minuto para pensar.

—Bueno, la mejor manera de abordarlo es tener reuniones de traspaso a producción planificadas con las personas adecuadas de ingeniería y producción, así como con Rebecca.

Con demasiada frecuencia, producción se paraliza porque un proveedor no entrega las piezas a tiempo y no tienen suficientes en el inventario. Así que Rebecca, que se encarga del inventario, definitivamente debe participar en estas reuniones.

—Pueden revisar juntos los planos y asegurarse de que todo es viable, no solo desde el punto de vista de la producción, sino también del inventario —añade Marc.

—Esperaba que se te ocurriera otra forma. —Abbie no está muy contenta.

Marc reconoce lo útil que son esas reuniones. Cuando los proyectos pasan a producción, generalmente se genera un gran revuelo con correos electrónicos, llamadas telefónicas y gritos en todas direcciones. Resolver esos detalles finales los irrita a todos y esas reuniones de revisión lo evitarán.

—Pensé que estarías de acuerdo. Nos ahorrará muchas interrupciones como la que acabamos de tener con el H355. Convertirá el caos de la multitarea en el traspaso en revisiones planificadas.

—Estoy de acuerdo — dice Abbie—. Es que ya estoy metida en tantas reuniones que apenas tengo tiempo para trabajar.

Todo el mundo se queja de que pasan demasiado tiempo en reuniones, no sólo Abbie. Para asegurarse de que los brazos robóticos funcionen correctamente, deben cerciorase de que nada se pase por alto, así que todos los pequeños detalles en las diversas etapas del desarrollo tienen que aprobarse en interminables reuniones de informes de actualización. Abbie, como experta en mecánica, participa en muchas de ellas. No es de extrañar que no le haga mucha gracia comprometerse a más reuniones planificadas.

—Gracias a Dios, las reuniones de reportes de estado se redujeron a la mitad cuando empezamos a controlar el WIP— dice Marc.

—Fue un alivio, y veo las ventajas de tener reuniones de revisión tan completas. —Abbie se encoge de hombros—. A falta de una idea mejor, digo que lo intentemos.

—Cómo sugieres que nos aseguremos de que estas reuniones no caigan en el olvido después de un tiempo? — prosigue Marc.

—Supongo que solo producción puede decir si tienen todo lo que necesitan, así que alguno de ellos tendrá que revisar los planos antes de empezar —reflexiona Abbie—. Y puedes asegurarte fácilmente de que estas reuniones no se evaporen con el tiempo: basta con recibir alertas cada vez que publiquemos las notas de las reuniones en la herramienta colaborativa.

Marc sabe lo que eso significa.

—Y hacer seguimiento, para siempre.

Marc lo piensa detenidamente. Si se acostumbra a decir algo bueno cuando ve estas alertas, su gente sabrá que está pendiente. A la gente le encanta recibir elogios. Debería elogiarlos cuando hacen un buen trabajo, no solo intervenir cuando cometen errores. Garantizar que se cumpla con el kit completo de esta manera es un uso mucho mejor de su tiempo que responder a las llamadas urgentes de producción, a las que se comprometió cuando discutieron por primera vez controlar el WIP.

Se vuelve hacia Abbie.

—Deberíamos empezar estas reuniones ahora mismo. Lo discutiré con Sam y una vez que ella lo apruebe, pondremos a todos los demás al tanto.

Abbie se echa hacia atrás en su silla.

—Así que empezamos con una compuerta y acabamos con dos.

Marc vuelve a pensar en las compuertas.

—En realidad, creo que podría ser beneficioso tener una más.

18

Compuertas adicionales

El domingo siguiente Marc va a almorzar a la casa de sus padres.

—Estamos aquí —dice su madre cuando lo oye entrar por la puerta.

Marc sigue su voz hasta la cocina.

—Me alegro de que hayas venido. Ya casi no te vemos.

Laura saca un plato del horno, lo pone en la mesa, y se vuelve hacia su hijo para darle un abrazo.

—Huele de maravilla.

Le hizo su plato favorito: chuletas de cordero a la parrilla con espinacas y judías verdes.

Laura acepta el cumplido con un gesto de mano.

—Siéntate, que se enfría todo.

Marc toma asiento frente a su padre.

—Hola papá.

Ha pasado un mes desde la última vez que hablaron en la oficina de Isaac y Marc no lo ha vuelto a ver. Marc ha estado ocupado y toda su comunicación ha sido por correo electrónico o por teléfono.

—Me alegro de verte, Marc. —El anciano no tiene buen aspecto. La vejez lo alcanzó de repente.

Marc está a punto de preguntarle si se encuentra bien cuando interviene su madre.

—Cuéntamelo todo. ¿Qué hay de nuevo?

Trae un gran plato de ensalada a la mesa y se sienta con ellos. Marc la hace reír cuando le recuerda que de pequeño se negaba a comer si había algo verde en el plato.

Están disfrutando de una agradable comida juntos. «Debería visitarlos más a menudo», piensa Marc. Sus padres no se están haciendo más jóvenes.

—¿Puedo ayudarte en algo? —le pregunta Marc a su madre cuando se levanta para recoger los platos.

Sabe que no debe tomar ninguna iniciativa en el reino de la cocina.

—Prepara un café irlandés para tu padre y para ti. Yo me ocupo de todo.

El café irlandés es el postre tradicional de los domingos. Marc conoce el procedimiento. Cuando vuelve con las bebidas, Isaac cambia la conversación.

—¿Cómo van las cosas en ingeniería? —Isaac intuye que les va mejor porque su teléfono está bastante silencioso, pero quiere saber más.

—Terminamos muchos de los proyectos que estaban a

punto de completarse y espero que ahora las cosas comiencen a avanzar más rápido.

Marc pone a su padre al día sobre el kit completo que ahora es obligatorio antes de empezar a trabajar en un proyecto nuevo.

Isaac ve el panorama completo.

—También podrían utilizar el kit completo antes de producción, así no tendríamos incidentes como el que acabamos de tener con el H355.

A Marc no le sorprende que su padre lo sepa. De alguna manera, siempre sabe lo que pasa.

—La compuerta dos ya está en su sitio —confirma Marc.

Isaac se toma un minuto para pensar.

—También deberíamos tener la compuerta tres antes de integración.

Marc está asombrado. Debería haberlo pensado. Es un traspaso importante. Cuando integración se está preparando para empezar a trabajar en las instalaciones de un cliente, debe asegurarse de que tienen todo lo que necesitan de producción, de inventario y de ingeniería, además de asegurarse de que el cliente está preparado para ellos. Este kit completo les ahorrará muchas penas y agonías, y al mismo tiempo, garantizará una instalación más rápida y sin problemas en las instalaciones del cliente. Hablará con Roger, el responsable de integración, y lo pondrá al día.

—Considéralo hecho.

Marc contempla la posibilidad de compartir sus propias ideas con su padre. Debería consultarlo con él. Con suerte, el anciano estará dispuesto a escucharlo. Marc se decide.

—En realidad, quería hablar contigo sobre la posibilidad de añadir la compuerta cero.

—¿Compuerta cero?

—Sí. Al principio, antes de empezar a trabajar en las propuestas y licitaciones.

Con las empresas más pequeñas se realiza un análisis de las necesidades del cliente, dentro o fuera de las instalaciones, y luego presentan una propuesta, pero con los clientes más grandes suelen tener que pasar por un proceso de licitación.

—¿Sabes que a menudo tenemos que perseguir a los clientes por detalles que faltan en la licitación y que son necesarios para preparar nuestra propuesta? Imagínate cuánto tiempo nos ahorraríamos si podemos tener toda la información inicial de forma organizada. Podemos pedir trabajar con ellos antes de que emitan los términos de referencia de la oferta para asegurarnos de que todos los requisitos necesarios están...

Isaac lo detiene ahí mismo.

—Olvídalo. Son nuestros clientes, Marc, no nuestros empleados. Tienen sus propias prácticas y no nos corresponde a nosotros dictarles cómo llevar a cabo su negocio.

Marc es plenamente consciente de que deben abordar con cuidado a sus clientes grandes con una sugerencia tan poco ortodoxa. También deben tener mucho cuidado de que no se les acuse de intentar manipular las licitaciones a su favor. Pero se da cuenta de que los clientes también se beneficiarían mucho de su ayuda, si pudieran reducir la molestia de ir y venir con múltiples proveedores potenciales, respondiendo preguntas sobre los elementos que faltan en las ofertas.

Isaac se da cuenta de que la idea de Marc tiene mérito. En

ocasiones, cuando se ponen a trabajar en un nuevo proyecto, descubren que faltaban detalles claves en los términos de la oferta y, por tanto, sus estimados son incorrectos. A veces por mucho. En esos casos, se ponen en contacto con el cliente para negociar una fecha de entrega posterior o un presupuesto mayor, o asumir la diferencia con valentía y resignación. Isaac sabe perfectamente que tener un kit completo para la oferta evitaría muchos de estos incidentes. Sin embargo, es imposible. Compiten con empresas mucho más grandes, que tienen más recursos y flexibilidad para manejar estos problemas. Si empiezan a imponer condiciones para presentar las propuestas, estarán fuera de la carrera incluso antes de que empiece.

Marc intenta continuar la discusión, pero su padre se niega a escucharlo.

Marc está consternado. El concepto de la compuerta cero tiene mérito. Suficiente como para justificar una discusión sobre cuándo y dónde podría ser útil tenerla. Fue un error hablar con su padre. Podría haber contactado a uno de sus clientes con quienes tienen una buena relación, quizá uno que hubiera tenido un incidente similar últimamente, y haber explorado la idea con delicadeza. Pero ahora que tiene un «no» tan rotundo de su padre, no puede seguir adelante.

Qué lástima.

Marc ya tuvo suficiente. Les da a sus padres una excusa para irse, abraza a su madre y se dirige a la puerta.

Laura se toma su tiempo para meter las sobras en la nevera y llenar el lavaplatos.

Finalmente dice:

—Me parece que Marc tuvo una idea valiosa.

Isaac se agita.

—No sabe de lo que habla. Llevo décadas trabajando con esta gente. Sé cómo piensan. No toleran que un proveedor les diga lo que tienen que hacer. Además, están presionados para publicar las licitaciones pronto y a veces aún no tienen esos detalles.

Laura cierra el lavaplatos y pulsa el botón de encendido.

—Isaac, tú conoces bien a tus clientes, pero Marc también. Estoy segura que sabe que es una situación delicada. Por eso vino a consultarte. Y tú también deberías confiar en él.

Isaac rechaza la idea.

—El chico no está preparado. No lo logrará.

A Laura le hubiera gustado preguntarle por qué cree que él es el único que puede dirigir la empresa, pero elige sus palabras con cuidado.

—Quizá le cueste un poco al principio, pero a ti también te costó. ¿Por qué no darle una oportunidad?

Isaac suspira.

—Las cosas eran diferentes en los viejos tiempos. Había margen para cometer errores, y admito que yo cometí muchos. Pero ahora la competencia es más fuerte que nunca, las grandes empresas mandan, y cada vez más las pequeñas empresas como la nuestra quiebran. Ya no hay lugar para los errores.

Laura suspira. No está contenta con nada de esto. No está contenta de que su marido esté enfermo. No está contenta de que se niegue a recibir tratamiento, aunque lo más probable es que no sirva de nada. Y no le gusta que le exija que se lo oculte a sus hijos. Pero él siempre ha respetado sus decisiones, y ella siempre ha respetado las suyas.

—Sólo desearía que no arriesgaras tu relación con Marc —dice finalmente.

Isaac está decidido. Tiene programada otra reunión con la gente de Laramie. Quieren seguir adelante y él conoce el procedimiento con estas grandes empresas. A continuación, le pedirán que firme una cláusula de exclusividad de sesenta días, en la que se comprometen a no solicitar ofertas de otros compradores mientras Laramie se toma su tiempo para realizar la diligencia debida. Isaac cree que van en serio. Firmará.

19

Retrabajo y estandarización

Rick entra en el aula y observa la palabra ENFOQUE escrita en la pizarra en letras gigantes. Probablemente es de la clase anterior de Johnny Fisher: Producción al modelo T.O.C. El borrador no está por ninguna parte. No importa, ENFOQUE se adapta igual de bien a su curso.[6]

Espera a que todos tomen asiento y comienza.

—Hace un par de semanas tuvimos invitados que hablaron de dosificación. ¿Algún comentario?

—Es una especie de comentario al margen, pero me impresionó mucho los cargos tan importantes que tienen estos directivos en sus organizaciones —dice Charlie.

—Esta nota al margen es bastante central. —Rick juega con sus palabras—. Estos cambios organizacionales son tan fundamentales que rara vez funcionan «de abajo hacia arriba», sólo «de arriba hacia abajo»; necesitas algunos gerentes de alto nivel que respalden estos cambios, o mejor aún, que los lideren.

Charlie se siente aliviado.

—Es reconfortante saberlo. He intentado hablar con mis jefes sobre implementar el triaje y reducir la mala multitarea y me he topado con una pared.

—No se preocupe, profesor Silver, Charlie encontrará un buen uso para este material. Todos tenemos apuestas sobre si ascenderá en el escalafón o acabará teniendo su propio emprendimiento —dice uno de sus compañeros.

Mientras Charlie se regodea en los cumplidos de su amigo, Rick sigue adelante.

—¿Qué más? ¿Qué les pareció el cambio de supervisar las eficiencias locales a supervisar el flujo global? —pregunta.

—Sigo pensando en ello —dice Shonda—. Es un gran cambio en la atención de la gerencia. No sólo proporciona una pauta clara para evaluar nuevos procedimientos, sino que también ayuda a ordenar los que ya existen. Muchos de nuestros esfuerzos están dirigidos a mejorar operaciones locales que no tienen nada que ver con mejorar el flujo. Eliminar esos esfuerzos locales nos ahorrará muchos dolores de cabeza.

Rick quiere asegurarse de que los estudiantes entienden la diferencia entre un óptimo local y uno global.

—Estamos acostumbrados a pensar que, si encontramos una forma de ser más eficientes en cualquier parte de nuestro sistema, deberíamos hacerlo. Suponemos que los esfuerzos locales se sumarán y mejorarán nuestro desempeño general. Por eso es que invertimos tanto tiempo, dinero y recursos en mejoras locales. Pero, en realidad, la mayoría de estas mejoras locales son inútiles. Un cambio local sólo tiene un efecto significativo si mejora el flujo total.

Marc puede vislumbrar las repercusiones.

—Estos esfuerzos locales no sólo son inútiles, sino perjudiciales. Como gerentes, nuestros recursos están bastante limitados, y cuando los gastamos supervisando procesos inútiles, lo hacemos a expensas de invertir donde realmente importa.

—Precisamente —dice Rick—. Piénsenlo, la atención gerencial es la restricción última, la número uno en la mayoría de las organizaciones. Será mejor que la usemos donde realmente cuenta.

Rick sabe que algunas personas entienden este cambio de percepción de inmediato y otras necesitan tomarse su tiempo. En cualquier caso, por ahora, basta de hablar al respecto.

Charlie todavía está emocionado por el apoyo de su compañero.

—¿Hay otros obstáculos al flujo de los que debamos estar al tanto?

—Bueno —responde Rick—, hablemos de un obstáculo que mencionaste en nuestra primera clase: Retrabajo.

Charlie es alérgico al retrabajo.

—Tener que rehacer las mismas tareas es claramente una pérdida de tiempo y recursos, y por definición obstruye innecesariamente el flujo.

Kiara no puede contenerse. Se vuelve hacia su izquierda y le susurra a su colega:

—Hablando de retrabajo, anoche estaba doblando una montaña de ropa en el salón mientras los niños jugaban a mi lado en la alfombra. Casi había terminado cuando recibí una llamada y me fui a la otra habitación en busca de tranquilidad. Sólo estuve ausente un par de minutos, pero cuando regresé no había ni rastro de que había doblado la ropa. Tuve que empezar de nuevo.

—Podría haber sido peor. —Su colega esconde una sonrisa y le susurra—: Podrían haber comido helado de chocolate justo antes de...

Kiara se ríe lo más bajo que puede.

—Definitivamente obstruyó el flujo. Tardé una eternidad en volver a doblarlo todo, y tenía tantas otras cosas que hacer.

Rick espera a que la clase guarde silencio y continúa:

—Si, de vez en cuando, tenemos que rehacer algo, no es para tanto. Pero si hay un problema en nuestra forma de funcionar que nos obliga a repetir ciertas tareas de forma continua, es sin duda un obstáculo al flujo que debemos identificar con precisión y solucionar.

—¿Qué quiere decir con «identificar con precisión»?

—Lo que quiero decir es que el retrabajo no ocurre por sí solo. Tenemos que investigar qué crea la necesidad de rehacer el trabajo antes de poder entender cómo manejarlo. En su momento, Charlie nos dijo que tenían que repetir el trabajo porque las personas por encima de ellos cambiaban continuamente las *specs*. Tenemos que averiguar cuál es la causa de esos cambios. ¿Se debe a que empiezan a trabajar demasiado pronto antes de haber definido el alcance del proyecto, a que el objetivo del proyecto está mal definido, o a algo más?

Rick hace una pausa, buscando una forma sencilla de explicar el siguiente punto.

—Tengan en cuenta que el retrabajo es un obstáculo para el flujo por sí mismo, pero a menudo es el resultado de otros obstáculos.

—¿Puede darnos un ejemplo de un obstáculo que cause retrabajo? —pregunta Marc.

—Claro. Hace un rato hablamos de la falta del kit completo. Este importante obstáculo al flujo a menudo provoca que haya que repetir el trabajo. Por ejemplo, tenemos que avanzar en una tarea, pero nos falta la decisión final del cliente. Suponemos lo que va a elegir y comenzamos. Más tarde descubrimos que nuestra suposición era incorrecta y que el cliente quiere algo diferente, y tenemos que empezar de nuevo.

Marc entiende lo que quiere decir el profesor.

—Cuando el retrabajo es resultado de la falta del kit completo, entonces tener el kit completo antes de empezar también eliminará el retrabajo relacionado.

Charlie siente como su alergia se está alborotando. Ya cubrieron el kit completo y no le interesa repetir la discusión.

—¿Qué otros obstáculos al flujo causan retrabajo?

Rick está de acuerdo en seguir adelante.

—Dejemos de lado por un momento el retrabajo y hablemos de otra regla del flujo: el trabajo estandarizado. A menudo en algunas etapas de la producción tendemos a improvisar. Algunos somos expertos en improvisar, mientras que otros no. Pero, por regla general, improvisar requiere más esfuerzo y lleva más tiempo. Si improvisamos constantemente en tareas importantes, lo más probable es que sea un obstáculo para nuestro flujo.

Shonda, la perfeccionista, añade:

—Cuando la gente improvisa, sobre todo cuando trabaja bajo presión, también tiende a olvidar cosas y se resiente la calidad de su resultado.

Rick está de acuerdo.

—La forma de mejorar el flujo y la calidad de los resultados es averiguar qué procesos, listas de comprobación, documentación, etc. son necesarios para estandarizar la forma de realizar estas importantes tareas.

Marc piensa en la fase más temprana de sus procesos, cuando redactan las propuestas. Le sigue preocupando la discusión con su padre sobre la compuerta cero, pero hay algo más. Lo que acaba de decir el profesor Silver tocó una fibra sensible: improvisan continuamente. Cuando empiezan, a menudo abren un archivo nuevo y empiezan desde cero. A veces sienten que es una pérdida de tiempo, así que buscan propuestas anteriores que hayan escrito para proyectos similares y utilizan una de ellas como base para la nueva propuesta. Disponer de una plantilla estándar es una solución sencilla. A Marc le gusta la idea. Si elaboran un formato estándar para las propuestas, será mucho más rápido que empezar desde una pantalla en blanco o buscar uno de los borradores antiguos. En realidad, pueden hacerlo mucho mejor. Cuando trabajan en proyectos que utilizan soluciones de automatización similares, un gran porcentaje del proyecto es el mismo y sólo se necesita un cierto grado de personalización para adaptar los brazos robóticos a las necesidades específicas del cliente. Así que deberían tener unas plantillas de propuestas que no sólo contengan títulos. Deberían incorporar las especificaciones generales de los principales tipos de proyectos y dejar espacios en blanco sólo para la personalización necesaria. Esto es bueno. Disponer de plantillas estándar para sus proyectos reducirá considerablemente el tiempo necesario para redactar las propuestas.

Marc se da cuenta de que no ha estado escuchando cuando oye que el profesor le contesta a alguien.

—Dios nos libre de seguir adelante y estandarizar todos nuestros procesos. En muchos lugares de nuestras operaciones, la estandarización no afectará al flujo, así que, como hemos dicho, no sirve para nada. En otras partes lo que realmente necesitamos es flexibilidad. Piénsenlo, a veces el verdadero valor del proyecto está realmente en el trabajo no estándar; en el pensamiento distintivo y las soluciones que adaptamos a él. El trabajo estándar es la regla que hay que utilizar sólo en los lugares donde reconocemos que improvisar es un obstáculo para nuestro flujo.

—Volvamos a nuestro debate anterior sobre retrabajo —continúa Rick—. Espero que puedan ver que cuando estandarizamos el trabajo, también eliminamos el retrabajo creado por la improvisación.

Marc vuelve a sumirse en sus pensamientos. Cuando reciben un proyecto, los ingenieros asignados suelen empezar a trabajar en él desde cero. Marc no está acostumbrado a considerarlo retrabajo, pero en esencia lo es. Ya han reflexionado mucho sobre el proyecto cuando redactan la propuesta original, y ahora están repitiendo básicamente el mismo trabajo. Marc se pregunta por qué lo hacen. Cree que tiene que ver con el hecho de que están improvisando. Parece que a menudo es más fácil empezar desde cero que pasar por la agonía de descifrar lo que se escribió en la propuesta. Sobre todo, si la escribió otra persona o si ha pasado mucho tiempo desde que se la presentaron al cliente. Pero si empiezan a trabajar con plantillas estándar que todo el mundo utiliza, les resultará mucho más fácil no sólo redactar las propuestas, sino también utilizarlas como base para su trabajo posterior. Eso les ahorraría tiempo y mejoraría aún más el flujo.

Marc sigue pensando en estandarizar el proceso de redacción de las propuestas, en quién debería encargarse de actualizar las plantillas y en cómo asegurarse de que este proceso no caiga en el olvido al cabo de un tiempo. Cuando vuelve a prestar atención a la clase, se da cuenta de que se ha perdido la mayor parte de la clase.

—Hoy cubrimos mucho. Hablamos de los distintos aspectos del retrabajo y del trabajo estandarizado —empieza a resumir Rick—. Espero que a estas alturas comprendan mucho mejor cómo gestionar el flujo. Hay diferentes obstáculos al flujo, algunos son genéricos y los vemos a menudo, y otros son relevantes sólo para algunos tipos específicos de entornos de proyecto. No podremos abarcar todos los obstáculos en clase, y no tenemos por qué hacerlo. Creo que a estas alturas ya tienen suficiente intuición para identificar cuándo hay un obstáculo al flujo y averiguar cómo superarlo por ustedes mismos. — Rick toma aire y continúa—: Para practicar, me gustaría que analicen, por su cuenta, los aspectos de la sincronización. La sincronización es una regla del flujo que se utiliza en muchos entornos de proyecto. Es especialmente relevante cuando una de las tareas del proyecto es considerablemente más grande o más larga que cualquiera de las demás. Para gerenciar el flujo con eficacia, debemos utilizar esa tarea como ancla y sincronizar con ella todas las demás.

»Para sus deberes, elijan un proyecto que tenga una tarea con una característica de este tipo y determinen la sincronización necesaria.

—No existe tal tarea en nuestros proyectos. —Ted hace un penoso intento de excusarse.

Pero Rick no lo deja escaparse.

—Pues piensa en otros proyectos de construcción que sí los tengan. Por ejemplo, cuando se construyen rascacielos, la construcción de los armazones de acero y hormigón que soportan el peso del edificio sin duda cumple los requisitos. — Rick quiere terminar la discusión amablemente—. O elige otro proyecto que no tenga nada que ver con tu línea de trabajo. Tú decides.

20

Sincronización

Marc llega a la casa de sus padres cerca de las ocho de la mañana del Día de Acción de Gracias. Estaba buscando un proyecto que necesitara sincronización para sus deberes del curso Las reglas del flujo y piensa que la cena de Acción de Gracias encaja perfectamente. Obviamente, el pavo asado es la tarea principal de este proyecto que lleva bastante más tiempo que todas las demás. Pero cuando trató de escribir su informe, se dio cuenta de lo poco que sabe sobre la preparación de esa cena. Las tareas habituales de Marc para estas fiestas incluyen buscar a la tía Miriam en su residencia de ancianos y hacer felices a los invitados con ponche de arándanos y manzana mientras su madre da los toques finales a sus deliciosos platos. Normalmente, cuando Laura está haciendo su magia en la cocina, los demás tienen que desaparecer. Pero este año

Marc pide ser su ayudante de cocina.

Cuando Marc entra en la cocina, se sorprende al encontrar a su madre sentada en la mesa tomando café. El pavo ya está en el horno.

—Buenos días, cariño. ¿Por qué no te sirves un café y me cuentas más sobre esta tarea?

—Quiero saber más sobre cómo organizas la cena de Acción de Gracias en torno al pavo.

Laura está encantada.

—Bueno, es un proyecto complicado que hay que planificar con cuidado y ejecutar meticulosamente.

Marc sabe que está hablando con la persona adecuada.

—Este año vamos a ser catorce. Saber eso me permite calcular cuántos kilos de pavo necesitamos y calcular las cantidades para todos los demás platos —continúa Laura.

—Empiezas por definir el alcance del proyecto. —Marc sonríe—. Me gusta tu enfoque.

—A principios de la semana hice una lista exhaustiva de la compra y volví a comprobar que tenía todos los ingredientes que necesitaba. Si me doy cuenta de que falta algo en mitad de la cocción, toda mi planificación puede irse por el desagüe.

«Aquí está el kit completo», piensa Marc para sí.

—Cuéntame más sobre tu planificación.

—Calculo cuántas horas tiene que estar el pavo en el horno y en eso se basa todo el plan de cocina. Como nos sentamos a la mesa a las tres y hay que dejar reposar el pavo por una hora después de que sale del horno, tiene que estar en el horno antes de las ocho.

—¡Es muy temprano! —Marc se sorprende—. ¿Y el relleno?

—Todo tiene que estar cuidadosamente coordinado. Para meter el pavo en el horno a las ocho necesito hacer el relleno el día anterior.

Laura se levanta.

—Es hora de volver al trabajo. Marc, ¿por qué no pones la mesa?

Marc entra en el comedor y empieza a ensamblar las extensiones de la mesa para que quepan catorce personas. Vienen los miembros habituales de la familia, además de Sophia y su hijo y algunas personas más del trabajo. Nadie debe estar solo en Acción de Gracias y todos deben estar de buen humor. Para evitar otra pelea, Marc decide mantenerse alejado de su padre. Se sentará en el otro extremo de la mesa. Marc coge las sillas plegables del sótano y pone la mesa con la vajilla fina que tanto le gusta a su madre.

Cuando vuelve a la cocina después de un rato, su madre está ocupada junto a la estufa. Intentando ser útil, saca los guisantes del congelador.

—Guarda de nuevo los guisantes, Marc. —A su madre no se le escapa nada—. Si los hacemos demasiado pronto, se enfriarán y se pondrán blandos y tendremos que hacerlos nuevos.

«Una mala sincronización también puede hacer que haya que repetir las tareas», observa Marc para sus adentros.

—¿Por qué no vienes aquí y pelas las batatas? —Señala la pequeña montaña de boniatos que hay en el mesón.

—Claro —dice Marc—. ¿Qué hacemos ahora?

—Bueno, como sólo tenemos un horno, y está ocupado por el pavo la mayor parte del día, todos los demás platos tienen que planificarse en torno a él. Las batatas, las papas y las verduras asadas tienen que estar listas para ir al horno en cuanto salga el pavo. Todo lo demás se hizo ayer o se hará en la cocina.

—¿Y la cacerola de judías verdes?

—No tenemos espacio para hacerla en el horno, así que lo hago en la olla de cocción lenta, que pongo a baja temperatura, por lo que la cocción dura entre cuatro y cinco horas.

—Se puede cocinar a fuego alto. Es mucho más eficiente; puedes hacerla en la mitad de tiempo.

—¿Y por qué querría hacer eso? —Laura rechaza la idea–. ¿A quién le importa si soy eficiente haciendo la cazuela? Un par de horas antes de que nos sentemos, estoy súper ocupada con un montón de otras cosas y tener que ocuparme de la cazuela en ese momento va a estropear las cosas. Tienes que ver el panorama completo, Marc. Tener en cuenta todas las demás tareas y ver cuál es el momento adecuado para ocuparse de cada plato.

Marc se da cuenta de lo que acaba de pasar. Estaba pensando en términos del óptimo local: sugerir una manera de utilizar la olla de cocción lenta de forma más eficiente. Pero su madre tenía razón, por supuesto. Pensar en términos del óptimo local estropearía la sincronización. Lo que importa es el óptimo global: sincronizar todas las tareas sin problemas para que todo esté listo a tiempo.

Mira a su alrededor y pregunta:

—¿Y la salsa de arándanos? ¿Vas a hacerla ahora?

—No. No hay tiempo para hacer la salsa de arándanos hoy. Por eso la hice ayer. Ya está en la nevera.

Marc capta la idea. Mientras pela las batatas intenta organizar sus pensamientos sobre lo que ha aprendido. «Para cumplir la fecha de entrega en proyectos de este tipo, tenemos que empezar por programar la tarea principal y luego coordinar todas las demás tareas alrededor de ella. Tenemos que tener en cuenta cuánto tiempo se tarda en realizar cada una de las otras tareas y qué recursos se necesitan para ellas. No queremos trabajar en una tarea cuando deberíamos estar trabajando en otra, y desde luego no queremos quedarnos atascados porque necesitamos un recurso específico que está siendo utilizado por otras tareas. Por lo tanto, en la fase de planificación determinamos el orden correcto para realizar las tareas, teniendo en cuenta que algunas deben completarse antes de empezar a trabajar en la tarea principal y cuáles tareas pueden hacerse en paralelo. Además de eso, tenemos que estar atentos de asegurarnos de no terminar con retrabajos».

Marc empieza a comprender a qué se refería el profesor cuando dijo que la sincronización es una regla del flujo importante en este tipo de proyectos. Si algo sale mal, se perderán algunos de los platos (se comprometerá el alcance) o tendrán que retrasar la cena (se incumple la fecha de entrega).

Hacia el mediodía, Marc se excusa y va a buscar a la tía Miriam. La tía Miriam tiene ochenta y cinco años, pero es muy lista. Vive en una casa no muy lejos de la de sus padres. Mientras espera para incorporarse al tráfico en la calle principal, sus pensamientos vuelven al concepto de sincronización. Está bastante satisfecho con su análisis. Aunque ahora que lo piensa, la sincronización en las organizaciones no es sólo entre tareas. A menudo es entre equipos o, como en su departamento, entre personas. Todo el mundo en el departamento está ocupado y cada persona tiene su propio horario y prioridades. Incluso organizar una reunión no suele ser una tarea sencilla. Es lógico que estas sincronizaciones se realicen del mismo modo que la sincronización entre tareas. Hay que identificar a los «pavos», las personas clave que suelen ser también las más ocupadas, y sincronizar los horarios de todos los demás con los suyos.

Marc se incorpora al flujo del tráfico y sigue pensando. Su madre está sincronizando las tareas de un proyecto: preparar la cena de Acción de Gracias. Pero, ¿y si se tratara de un entorno multiproyecto y también estuviera preparando otra comida para los vecinos? Las cosas se complicarían. El horno o la olla de cocción lenta podrían convertirse en un problema. Si uno o varios de los platos de la comida de los vecinos tuvieran que hornearse mientras el pavo está dentro, el proyecto de los vecinos se retrasaría. Lo mismo ocurre si uno de los platos tiene que ir a la olla de cocción lenta mientras la cacerola de judías verdes está en la olla. En una planificación adecuada, además de sincronizar las tareas en cada una de las comidas, es necesario escalonar las tareas que esperan ser atendidas por los recursos críticos. En la etapa de planificación, hay que tener en cuenta si se tiene un recurso con capacidad limitada en la operación, ya que inevitablemente afectará el tiempo de ejecución del proyecto.

Marc sabe que este problema no es exclusivo de ingeniería. Puede pensar fácilmente en otros entornos de proyectos que sí cuentan con recursos críticos, como laboratorios de pruebas especializados, túneles de viento y grúas. Marc llega a la casa y se detiene en la entrada del vestíbulo principal. La tía Miriam está lista para salir. La ayuda a subir a su todoterreno, pliega su andadera y la coloca en la parte trasera. Cuando se pone al volante, se prepara para lo inevitable. La tía Miriam lleva haciéndole la misma pregunta desde que estaba en la escuela, y nunca falla.

—Entonces, hijo, ¿ya encontraste una chica especial?

21

Uno a uno

Es martes de la semana siguiente. Ha pasado un mes y medio desde que congelaron los proyectos y un mes desde que empezaron a preparar los kits completos. Linda estará en su despacho en un minuto para su uno a uno.

Marc tiene una reunión individual semanal con cada uno de sus gerentes de proyecto. Intenta limitarlas a diez o quince minutos cada una, por lo que le toma menos de un par de horas a la semana. Tiempo bien empleado. Se preocupa por su gente y quiere saber si lo están haciendo bien. También se preocupa por su trabajo; prefiere saber lo más pronto posible si algo los distrae o si están atascados.

La rutina es bien conocida. Marc les pregunta cómo están, asegurándose de que «todo está en orden». Intenta encontrar un interés mutuo sobre el que siempre puedan hablar brevemente. Luego les pregunta acerca de sus proyectos. Se da cuenta de que estas breves reuniones marcan la diferencia y su gente las espera con ansias. Les gusta su tiempo personal con Marc en el que se trata de ellos y de nadie más.

Marc mantiene un diálogo continuo con Linda sobre los mejores sitios para salir. Linda tiene olfato para ellos. Hoy recomienda un restaurante nuevo en el centro.

—Tienes que visitarlo. La decoración es realmente genial y la comida es para morirse.

—Parece mi tipo de lugar.

Pasan a hablar de trabajo. Linda lo pone al día sobre el código en el que está trabajando para uno de sus proyectos de vanguardia. Gracias a la inteligencia artificial, pueden hacer que el brazo robótico ajuste sus reacciones a las condiciones cambiantes de una forma que antes no era posible.

Linda es su experta en el *software* más avanzado y también es a la que recurren siempre que hay un problema que los otros ingenieros de *software* no pueden resolver. Es una de las personas más ocupadas del departamento de ingeniería, si no la que más.

Marc sabe que algunos se han quejado y quiere saber qué pasa.

—¿Cómo vamos con lo de reducir la multitarea?

—Sin duda nos ayuda trabajar en menos proyectos a la vez —informa Linda con alegría—. Pero también hice algunos cambios por mi parte. Antes, mi jornada estaba llena de constantes interrupciones. Cualquiera que encontrara un problema con el código solicitaba mi atención inmediata y yo no paraba de rebotar entre proyectos. Ahora estoy probando algo diferente. Nadie puede interrumpirme cuando estoy trabajando. Quien necesite mi ayuda puede avisarme por la herramienta colaborativa. Cada cierto tiempo, cuando termino una tarea, reviso mis alertas y si algo es de alta prioridad me ocupo de ello antes de pasar a mi siguiente tarea.

Marc está totalmente de acuerdo.

—Así controlas a todo el mundo, no retrasas proyectos importantes y consigues hacer mucho más.

Linda se da cuenta de que evitar la multitarea dañina hace que su trabajo sea mucho más eficiente, pero es más difícil de lo que pensaba.

—A la gente no le gusta que no esté disponible para ayudar siempre que me necesitan. Puede que tarden un tiempo en acostumbrarse a la nueva situación y dejar de presionarme para que haga varias cosas a la vez.

Teniendo en cuenta la impaciencia de la gente y la necesidad de progresar en su propio trabajo, Marc cree que siempre tendrá que luchar contra la presión de la multitarea.

Linda quiere seguir con su nueva rutina, pero tiene un precio.

—En cierto modo, me aísla del resto del grupo. Me ayuda poder hablar contigo.

Marc sabe de qué habla Linda. A veces se siente solo siendo el jefe o el experto. Le asegura a Linda que siempre puede acudir a él en busca de apoyo. En cuanto a él, solía tener a su padre para hablar, pero últimamente no es así.

—¿Puedo ayudarte en algo más? —pregunta Marc.

—En realidad, sí.

Linda dice que ser la experta en *software* le quita tanto tiempo que apenas puede prestar atención al proyecto del que está a cargo y, en consecuencia, se están retrasando.

—Me gustaría dedicar todo mi tiempo al *software*.

Marc se da cuenta una vez más de cómo ha cambiado su percepción desde que empezó a pensar en términos de flujo. Al ser una empresa pequeña, sin excepciones, tradicionalmente todos sus ingenieros sénior se convertían en gerentes de proyectos. Pero ahora piensa que, si Linda tiene que realizar múltiples tareas entre sus responsabilidades como su experta en *software* y la gestión de sus propios proyectos, una tiene que hacerse a expensas de la otra. Viendo el panorama completo, tiene sentido que Linda se dedique exclusivamente a codificar. Accede al deseo de Linda y toma nota de poner en pausa su proyecto y asignárselo a otra persona lo antes posible.

―――――

Es de noche cuando Marc sale de la oficina, pero no tiene ganas de volver a su casa. Últimamente ha pasado demasiadas noches solo en su apartamento. Decide ir al centro a ver el nuevo local que le recomendó Linda. Cuando entra en el restaurante, ve a alguien conocido tomando una copa de vino en la barra.

—Hola, Abbie.

—Me alegro de verte aquí, Marc. —Abbie parece feliz de verlo.

—Linda me contó de este lugar.

—Sí, me dijo que tenía que probarlo.

Abbie lo invita a cenar con ella. La conversación se desvía con naturalidad del trabajo a otros temas y ambos se sorprenden gratamente cuando descubren lo mucho que tienen en común. La cena termina, pero ninguno de los dos parece tener prisa en dar por terminada la noche.

22

¿Qué cambios debemos esperar?

Antes de que Rick empiece la clase, Shonda levanta la mano.

—Profesor Silver, tengo una pregunta.

—Adelante.

—Supongamos que aplicamos las reglas del flujo pertinentes para nuestro entorno, ¿qué cambios debemos esperar? ¿Qué será diferente?

—Buena pregunta y buen momento; hablaremos de eso más tarde hoy. Pero primero tenemos que discutir otro elemento en la forma en que actualmente hacen las cosas.

Rick empieza por establecer el contexto.

—Trabajar en proyectos conlleva una gestión considerable de riesgos; la incertidumbre es prácticamente el nombre del juego.

Los alumnos asienten con la cabeza. Rick continúa:

—Todos somos conscientes de la incertidumbre. Como cada proyecto es diferente, no podemos saber realmente cuánto tardaremos en terminarlo. Las tareas pueden llevar más tiempo del previsto y pueden producirse retrasos inesperados. Por eso la gente acaba incorporando tanta protección en sus estimaciones.

—¿Tanta protección? —pregunta una voz familiar desde la esquina.

Ted cae en la trampa de Rick.

—Déjame preguntarte, Ted, cuando uno de tus gerentes de obra le pregunta a su equipo cuánto tiempo tomará completar una determinada tarea, ¿le dan un cálculo que refleja el tiempo que tardarán en realizarla si todo sale bien?

—Ni que fueran estúpidos —responde Ted—. Lo saben muy bien. Ya antes les han dado un coscorrón por retrasarse y harán lo que sea para evitarlo. Darán una estimación mucho más grande; una que crean que pueden cumplir, incluso si algo sale mal.

—Así que, de hecho, están incorporando un colchón de seguridad, una buena protección, en su estimación, ¿verdad?

Rick sigue insistiendo:

—¿Y qué pasa con las estimaciones de tiempo que dan los techadores, y los plomeros, y los electricistas? Todos saben que las cosas suelen tardar más de lo previsto. Todos le dan al gerente de obra estimaciones de tiempo que están muy lejos del mínimo y que ya tienen un amplio margen de seguridad, ¿no es cierto?

Ted no quiere admitir nada.

Shonda está familiarizada con la situación.

—Tiene razón. Sólo un novato dará una estimación de tiempo que no contenga un margen de seguridad; y después de la primera vez que entregue tarde y lo penalicen por eso, aprenderá la lección y nunca más repetirá ese error.

—Hay mucha protección incorporada a nivel de las tareas —continua Rick—, pero no sólo ahí. ¿Qué ocurre cuando los gerentes de obra tienen que dar sus estimaciones a la sede central? ¿Se limitarán a sumar todas las estimaciones que hayan recibido de las personas en la obra y remitirán esa cifra?

—Probablemente no —dice Shonda—. Ya han sufrido las consecuencias de que su gente entregue tarde más de una vez y, para protegerse, añadirán su propia protección.

—Correcto, y ¿qué ocurre en la sede central antes de comprometerse con el cliente? La persona que está en contacto con el cliente es la que recibe las críticas de primera mano cada vez que se retrasan, por lo que está obligada a añadir su propia protección a la estimación general de tiempo.

—Espera. —Marc tiene que interrumpir—. Tenemos que asegurarnos de que la fecha de entrega final que damos a los clientes se ajuste a lo que esperan, o no conseguiremos el proyecto. Por eso, a menudo, quien está al mando tiene que recortar la estimación final de tiempo que recibe de su gente.

—Excelente. —Rick se muestra satisfecho—. Esta es la dinámica de cómo se hacen las estimaciones de tiempo en la mayoría de las áreas de proyectos. La conclusión es que, aunque se recorte parte de la protección al final, como dijo Marc, seguimos teniendo un amplio margen de seguridad incorporado en nuestras estimaciones de tiempo.

Ted no se lo cree.

—Si hay tanta protección, ¿cómo es que no vemos muchos proyectos terminados antes de tiempo?

—Eso es porque están haciendo un muy buen trabajo desperdiciándola —dice Rick.

Shonda habla por todos cuando pregunta qué quiere decir.

—Ante todo, los obstáculos al flujo consumen los márgenes de seguridad. Si no controlas el WIP, la constante multitarea entre proyectos y entre tareas puede gastárselos todos. ¿Recuerdas que dijimos que la multitarea es la mayor asesina de tiempo en los proyectos? Lo mismo ocurre si tienes que parar y esperar constantemente porque no tienes el kit completo o si no sincronizas las tareas cuando deberías, etcétera.

—Bien, ya cubrimos los obstáculos del flujo —dice Charlie—. ¿Hay algo más que desperdicie los márgenes de seguridad, la protección?

Rick confirma que sí lo hay.

—Tomemos por ejemplo el síndrome del estudiante.

Se da cuenta de las miradas perplejas y sonríe.

—Déjame preguntarte algo. Hace semanas, cuando les di la tarea sobre el kit completo, alegaste que un par de semanas no era suficiente e insististe en que les diera más tiempo. Les doblé el plazo y les di cuatro semanas para completar la tarea. ¿Cuántos de ustedes llegaron a su casa y comenzaron a trabajar enseguida?

Ahora todos sonríen. Como era de esperar, muchos de ellos esperaron hasta el último momento para empezar a trabajar en los deberes y un par de ellos no cumplieron el plazo y tuvieron que pedir tiempo adicional.

—Entiendo lo que quiere decir —dice Kiara—. El síndrome

del estudiante ocurre en todas partes. Desperdiciamos la protección incluso antes de empezar a trabajar en el proyecto. No es de extrañar que a menudo tengamos que apresurarnos para terminar a tiempo, o que entreguemos tarde.

—Tengo que decir que comencé enseguida —dice Shonda—, y no terminé antes de tiempo. No dejaba de pensar en entrevistar a más gente para asegurarme de que tenía el kit completo y encontrar la mejor manera de monitorear el cumplimiento de las normas, y literalmente terminé porque se me acabó el tiempo.

—Lo que describes es un ejemplo clásico de otro fenómeno que desperdicia la protección: La Ley de Parkinson.[7] —Rick recita—: El trabajo se expande hasta llenar el tiempo disponible para su realización. Seguimos embelleciendo nuestro trabajo, añadiendo funciones y puliendo los resultados hasta que se nos acaba el tiempo.

—Esa soy yo. —Sonríe Shonda.

Rick continúa:

—También hay otros casos en los que la gente termina sus tareas antes de tiempo, pero se resisten a comunicarlo. Les preocupa que si revelan que no utilizaron todo el tiempo que se les dio, la próxima vez la dirección no se fíe de su estimación de tiempo y se la recorte. Y la próxima vez puede que las cosas no vayan tan bien, y es muy posible que necesiten el tiempo extra. Así que, si terminan antes, se callan e informan que terminaron su tarea en la fecha prevista.

—Gente inteligente —comenta Ted.

Rick concluye:

—En la mayoría de los proyectos incorporamos mucha

protección en nuestras estimaciones de tiempo. Al mismo tiempo, en lugar de utilizar este margen de seguridad con sensatez, acabamos desperdiciándolo. Así que, la mayoría de las veces, acabamos apresurándonos para terminar los proyectos a tiempo.

Todos están en silencio. Pensando.

—Ahora vuelvo a tu pregunta del principio de la clase, Shonda —prosigue Rick—. ¿Qué pasa cuando empezamos a controlar el WIP y a eliminar los otros obstáculos a nuestro flujo?

Marc recuerda lo agitadas que estaban las cosas no hace mucho. Todos estaban ocupados intentando hacer las cosas, pero no se conseguía mucho, y era difícil saber cuál era la causa de los constantes retrasos. Todo eso cambió cuando empezó a controlar el WIP. Una vez que limitó el número de proyectos en los que su gente trabajaba en paralelo, el caos desapareció y pudieron enfocarse realmente en los pocos proyectos en los que estaban trabajando. Poco después, surgió la necesidad del kit completo, y una vez que se ocuparon de eso, empezaron a avanzar más rápido.

Rick quiere ayudar a los estudiantes a encajar las piezas del rompecabezas.

—Antes se incorporaba mucha protección y esta se desperdiciaba, lo que se traducía en largos plazos de entrega y frecuentes retrasos. Una vez que se eliminan los obstáculos principales, lo más importante que ocurre es que el flujo de proyectos se pone en marcha. Se tiene más control sobre el trabajo, no se necesita la mayor parte de la protección que se había incorporado en las estimaciones de tiempo y los proyectos se pueden terminar mucho antes de lo estimado inicialmente. Se tiene más control sobre el trabajo, es decir el trabajo está más compacto. Los alumnos tratan de visualizarlo.

—Veamos qué significa eso. —Rick abre su bolso, saca un rotulador y dibuja una serie de rectángulos en la pizarra.

—El siguiente es un proyecto sencillo con cuatro tareas. Una vez que eliminamos los obstáculos al flujo, esperaríamos que todo transcurriera sin problemas de principio a fin. —Rick añade flechas que van en una dirección—. Pero, de hecho, la gente todavía se atasca de vez en cuando.

—¿Se atasca? —Charlie se alarma.

—No es que de la nada aparezcan unicornios e impidan que la gente haga su trabajo. Son las cosas corrientes las que les impiden avanzar hoy. Por ejemplo, se encuentran con un problema en el que, para resolverlo, necesitan la ayuda de un experto, o en el que necesitan algo que requiere la aprobación de un gerente.

—Exacto. Nos quedamos atacados muy seguido. —A Charlie no le faltan ejemplos—. Por ejemplo, hace una semana mi equipo tuvo un problema que otro equipo podía solucionar fácilmente. Le preguntamos a nuestro jefe si podíamos transferirle la tarea o si nosotros podíamos dedicarle mucho más tiempo. —Se ríe entre dientes—. De hecho, aún estamos esperando a que ella decida.

Rick añade un rectángulo grande encima de las tareas del proyecto y escribe: «Expertos/Gerencia». A continuación, añade flechas que suben y bajan desde las tareas del proyecto hasta el rectángulo grande.

—Así es como se ve el progreso de los proyectos.

La dinámica de un proyecto

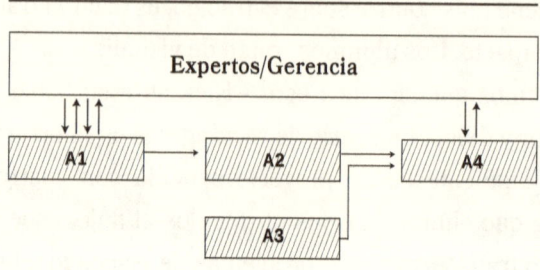

Kiara, al ser una de las principales especialistas de su división de TI, sabe bien lo que eso implica.

—Los expertos y/o los gerentes tienen que atender lo que sea que la gente necesita lo antes posible, para no frenarla y permitir que sigan con su trabajo.

—Correcto —asiente Rick—. Teniendo en cuenta que este es uno de varios proyectos que se ejecutan en paralelo y todos necesitan la atención de los expertos/gerentes de vez en cuando, los expertos y/o gerentes no se dan abasto con el trabajo.

De hecho, ahora está claro que ellos son las restricciones del sistema. El recurso con la capacidad más limitada en relación con la demanda. Pero no todo el mundo está familiarizado con el concepto de restricciones. Rick decide enfocarse. Ya hablará de ello más tarde.

—Para tener más control y un trabajo más compacto tenemos que evitar los retrasos. Los expertos y los gerentes tienen que ser lo más eficientes posible y hacer todo lo posible por no retrasar los proyectos. Resolver problemas debe convertirse en una de sus principales prioridades.

Marc exhala. Hacer de la resolución de problemas una

máxima prioridad es más fácil decirlo que hacerlo. No hay tiempo suficiente en el día. Piensa en las reuniones de reportes de actualización. Se invierte mucho tiempo en ellas. Demasiado. Tiene que haber una manera de simplificar la forma en que monitorean el progreso de los proyectos.

Marc se obliga a concentrarse cuando oye que el profesor sigue adelante.

—Los gerentes y los expertos tienen que comprometerse a ayudar a que el trabajo se compacte, pero no pueden hacerlo solos. Es importante que todos se sientan motivados a plantear los problemas en cuanto surjan para que puedan abordarse lo antes posible.

—Si mencionamos los problemas, nos van a mandar a callar. Por eso, guardamos silencio el mayor tiempo posible —dice Charlie.

Rick aclara:

—Si tienes una tarea que debería llevarte diez días y esperas hasta el octavo o noveno día para alertar a tu jefe de que algo va mal, lo más probable es que no termines la tarea a tiempo. Pero si avisas a tu gerente el primer o segundo día, y para ellos ayudarte es una prioridad, hay muchas más posibilidades de que el problema se resuelva sin retrasar el proyecto.

Charlie tiene sus dudas.

—Eso es muy diferente de cómo se hacen las cosas hoy. Tendrían que cambiar completamente de actitud si quieren que acudamos a ellos lo antes posible.

—Por supuesto que es diferente —enfatiza Rick—. Es un verdadero cambio cultural. Promovemos una cultura de flujo, de proyectos rápidos. Eso requiere confianza entre la dirección y la gente de las trincheras. La dirección debería estar disponible para resolver los problemas en cuanto surjan, pero todos tendrán que cambiar su comportamiento. La gente tendrá que acostumbrarse a enfocarse en una sola tarea y evitar la multitarea. Tienen que comprometerse a preparar los kits completos. Tienen que avisar en cuanto surjan problemas y pasar el testigo en cuanto terminen. Hay de dejar de lado la protección oculta en los proyectos para que no se toleren retrasos innecesarios. Ya no hay lugar para el síndrome del estudiante o la Ley de Parkinson. Estamos todos juntos en esto, con colaboración y buena voluntad.

Hay mucho que asimilar. Adoptar estos nuevos comportamientos es clave para que el flujo sea rápido y constante. Continúan debatiendo los distintos aspectos de este cambio cultural hasta que se acaba el tiempo. Rick les desea unas buenas vacaciones de invierno y termina la clase.

Mientras Marc recoge sus cosas, oye a Kiara y a sus compañeros hablando a su lado. Se preguntan cómo pueden los expertos resolver los problemas de todos de manera oportuna. Pero hay algo más que le preocupa. Marc sale del aula y se dirige a la cafetería para tomar un café antes de su próxima clase. No puede quitarse de encima la sensación de que falta algo, pero no puede precisarlo.

23

Tomando precauciones

Después del desayuno del Día de Año Nuevo, Marc está en casa de su hermana en el sureste. Había volado el día anterior para pasar las fiestas con su hermana y su familia. El tiempo está nublado y hace fresco, pero nada que ver con el frío que hace en su casa. Marc está deseando pasar un rato al aire libre. Dave le propone ir en bicicleta. Dave y su padre, Jack, son grandes ciclistas. Tienen equipo de sobra y Marc es más o menos de la misma talla que su cuñado. Jack le ofrece una de sus bicicletas de carretera y ropa adecuada.

Mientras Dave se asegura de que tienen todo lo que necesitan, Marc pedalea en círculos por el camino de entrada para acostumbrarse a la bicicleta y familiarizarse de nuevo con el uso de los pedales de clip. Ha pasado tiempo desde la última vez que montó en bici, pero enseguida recuerda cómo enganchar y desenganchar las calas.

Dave sale con las manos llenas. Coloca un par de botellas de agua en los soportes especiales de cada bici y llena los bolsillos de la parte trasera de sus camisetas. Sam aparece en la puerta.

—La cena es a las seis. Y los quiero sentados a la mesa duchados y bien vestidos.

—¡Sí, señora! —Marc saluda.

—No te preocupes, mamá. —Dave sabe lo que le preocupa a su madre—. Estaremos en casa antes de que oscurezca.

Sam vuelve a entrar en la casa mientras Dave se pone el casco y los guantes.

—¿A qué hora anochece? —pregunta Marc.

—Después de las cinco.

—Quiero que estemos de regreso a las tres —dice Marc.

—Me parece bien. —Dave conoce la ruta perfecta.

Suben a las bicicletas y empiezan a pedalear por las calles de salida de la ciudad. Marc sigue de cerca a Dave, observando el escaso tráfico y acostumbrándose a mantener el equilibrio sobre la bicicleta. Al cabo de un rato se relaja y empieza a disfrutar de la sensación de flotar sobre una bicicleta de carbono de alta calidad. Pronto salen de la ciudad y se adentran en las carreteras rurales. Está claro que Dave sabe adónde va; ha recorrido esa carretera muchas veces. Las nubes empiezan a desaparecer, aparece el sol y el asfalto está seco. Un día perfecto para un paseo en bicicleta.

Pasan por campos abiertos y bosques de robles y pinos. Es precioso en verano, cuando todo está verde, pero incluso ahora tiene su encanto. Marc tiene una sensación de libertad que no había sentido en mucho tiempo. Cambia de marcha y acelera, sin que le moleste el viento en la cara.

Dave lo alcanza al cabo de un rato.

—Quizás deberías moderar el ritmo.

Marc está que vuela.

—No te preocupes. Sé lo que estoy haciendo.

Dave se siente responsable. Marc está cometiendo un error. Es evidente que está en buena forma, pero el entrenamiento de fuerza no requiere el mismo tipo de esfuerzo que pedalear durante varias horas.

Tiene que encontrar la manera de explicárselo a su tío.

—Oye Marc, ve más despacio. Quiero preguntarte algo.

De mala gana, Marc reduce la velocidad.

—¿Qué pasa?

—¿Por qué me dijiste antes que querías estar en casa a las tres?

Marc se pregunta por qué Dave hizo esa pregunta.

—Quería asegurarme de que estemos de regreso mucho antes de que oscurezca. Siempre pueden surgir retrasos imprevistos, así que incluí un amortiguador.

—¿Un amortiguador?

Marc respira hondo.

—Un amortiguador es un tipo específico de precaución. Añades un poco más a lo que habías calculado en un principio por si ocurre algo inesperado y terminas necesitándolo. En nuestro caso, teníamos seis o siete horas de luz, así que te pedí que eligieras una ruta de cuatro a cinco horas y dejaras un par de horas como amortiguador. Así, si se nos pincha una rueda o algo, aún estaremos de vuelta antes de que anochezca.

—Ya veo —dice Dave—. Tomaste un margen de tiempo para

protegernos de retrasos inesperados.

—Así es.

—Es un amortiguador bastante grande. ¿Y si sugiero que, además de la ruta prevista, giremos a la izquierda en el siguiente cruce y añadimos una carretera panorámica que va a tomar una hora más?

Por eso Dave le había pedido que fuera más despacio.

—Suena muy bien —responde Marc—, pero quizá en otra ocasión.

Confía en Dave, pero él sigue siendo el adulto. ¿Y si Dave se equivoca y el viaje dura más? ¿Y si se equivocan de camino y tardan un rato en darse cuenta? Debería explicárselo a Dave.

—Si consumimos la mitad del amortiguador al principio y algo sale mal más tarde, puede que no tengamos tiempo suficiente. Nos arriesgamos a tener que conducir a oscuras. Es mejor guardar el amortiguador para el final del viaje, no gastarlo al principio.

—Tiene sentido —dice Dave. La respuesta de Marc fue exactamente la que esperaba.

Marc se dispone a acelerar de nuevo cuando Dave continúa:

—Sabes, Marc, en la bici tú eres la fuente de energía.

—¿Y?

—Si te quedas sin energía, estás en problemas. Así que, además del tiempo, hay algo más que tenemos que vigilar hoy, y es nuestra energía.

El chico tiene razón.

No pueden permitirse quedarse sin energía. Necesitan tener un amortiguador de energía por si la necesitan más adelante.

—Bien dicho —dice Marc con admiración—. Gracias por

frenarme. No es prudente gastar toda mi energía al principio.

—Será mejor que la guardemos para el final. —Dave se siente aliviado—. Si llegamos a la última parte de la ruta y todavía sientes que tienes mucho en ti, no dudes en darle con todo.

Siguen adelante. De vez en cuando, pasan junto a un granero típico, una pequeña iglesia pintoresca o una tienda rural con viejos surtidores de gasolina. Al cabo de una hora más o menos, se detienen a descansar. Marc saca un par de barritas energéticas de uno de sus bolsillos y le da una a Dave. Éste se la traga de un bocado y saca otra.

—Marc, espera —dice Dave—. Toda la comida que tenemos para el viaje es la que llevamos en los bolsillos. Dudo que alguna de las tiendas de conveniencia de las gasolineras esté abierta hoy o tenga máquinas expendedoras que realmente funcionen.

Marc hace una pausa, impresionado.

—Sí que sabes vigilar los amortiguadores.

—Todos los ciclistas lo hacen. —Dave se enorgullece del cumplido—. No sabía cuánta comida necesitarías, así que traje más de la que llevaría normalmente. Pero aun así tenemos que vigilar cuánto comemos.

—¿Cómo sueles hacerlo?

—Comemos lo suficiente para mantener nuestra energía. No podemos permitirnos quedarnos sin energía, pero tampoco queremos comer demasiado. También controlamos la cantidad de comida que nos queda en relación con el tiempo que aun necesitamos pedalear. Con suerte, nos queda algo de sobra cuando lleguemos a la casa. Pero si vemos que nos estamos quedando sin comida, tendremos que hacer algo al respecto, en función del tiempo que nos quede por recorrer.

Pasan las horas y Marc y Dave se lo pasan en grande. Regresan poco antes de las tres. Marc está entusiasmado y cansado al mismo tiempo.

Dave hizo un buen trabajo controlando sus descansos y la ingesta de alimentos. Le dio a Marc la mayor parte de las barritas energéticas y los geles que había traído, e incluso mezcló electrolitos en polvo con el agua de Marc cuando llenaron sus botellas en una de las iglesias del camino.

Pero después de casi cinco horas de pedaleo, Marc tiene que admitir que no le queda energía. Tiene que sentarse un rato antes de darse una ducha. No cabe duda de que hicieron lo correcto al establecer amortiguadores de tiempo, de energía y de comida. Además, no perdieron de vista cómo iban con estos márgenes en relación con el tiempo que les quedaba por pedalear.

Cuando algo importante está en juego, más vale tener amortiguadores.

Algo importante. Marc piensa de nuevo en el departamento de ingeniería. Asegurarse de que entregan los proyectos a tiempo es muy importante. Por fin se da cuenta de la pieza que le faltaba en la última clase del profesor Silver. Una vez que empezaron a implementar las reglas del flujo, el trabajo se organizó mejor; dejaron de lado gran parte de la protección. Pero es inevitable que ocurran retrasos inesperados, y no tienen amortiguadores.

24

Gerencia de amortiguadores

Rick llega a clase un poco nostálgico. En los tiempos en que empezó a enseñar la gerencia de proyectos según la Teoría de las Restricciones, el concepto que va a abordar ocupaba gran parte del curso, pero mucho ha cambiado desde entonces.

Decide empezar poco a poco.

—La importancia de cumplir con la fecha límite varía de un proyecto a otro. En un extremo de la escala, hay proyectos que tienen una fecha de entrega más bien vaga, como algunas investigaciones académicas o proyectos artísticos. En el otro extremo de la escala hay proyectos para los que cumplir con los plazos es de suma importancia.

Rick hace una breve pausa para que los estudiantes piensen en qué punto de esta escala se encuentran sus proyectos.

—Si tus fechas de entrega no están grabadas en piedra, lo

más probable es que lo único en lo que deban centrarse sea en eliminar los obstáculos que impiden que los proyectos fluyan. Pero —Rick levanta el dedo índice para enfatizar lo que va a decir—, si cumplir con los plazos es clave en su campo de trabajo, entonces además de gerenciar el flujo también necesitan tomar precauciones para asegurarse de que cumplen con la fecha límite de entrega.

—¿Qué quiere decir con tomar precauciones? — pregunta Charlie.

—Bueno, igual que apartas dinero por si tienes algún gasto imprevisto, reservas amortiguadores de tiempo por si tienes algún retraso imprevisto.

Bingo. Marc se siente aliviado. Esto es lo que estaba buscando. En su día a día, Marc no tiene problemas para calcular cuánto amortiguador de tiempo necesita, pero cuando se trata de gestionar los proyectos en ingeniería, espera que el profesor pueda darle algunas indicaciones.

—¿Cómo puedo determinar cuánto tiempo de amortiguador necesito definir?

—Buena pregunta. —Rick se vuelve hacia la pizarra y escribe en letras grandes: «Gerencia de amortiguadores».

—Una buena regla general es tomar un tercio del tiempo estimado para el proyecto y utilizarlo como amortiguador

—¿Un tercio? —pregunta Shonda—. Entonces, si estimo que un determinado proyecto de *marketing* llevará tres meses, ¿debo intentar terminarlo en dos y dejar un mes de protección? Me parece muy ajustado.

—Al eliminar los obstáculos al flujo, tienes menos interrupciones sobre el trabajo, está más compacto —le recuerda Rick—. Y si tienes algún retraso inesperado... tienes todo un mes de reserva para utilizarlo.

—¿De dónde sacaría ese mes? —Shonda sigue dudando.

—Para empezar, lo mejor es planificar los proyectos de forma que sean fáciles de monitorear. Para un proyecto de dos meses, la duración de cada tarea debería ser de una semana. Para un proyecto de dos años, cada tarea debería durar alrededor de un mes.

Todos están en silencio. Rick prosigue.

—Tomemos como ejemplo un proyecto sencillo de tres meses. Como hemos dicho, lo dividiremos en tareas que duren aproximadamente una semana cada una. —Rick se vuelve hacia la pizarra y dibuja una fila de doce rectángulos—. Ahora, simplemente reduzcan un tercio del tiempo estimado para cada tarea y coloquen todo ese tiempo como amortiguador al final del proyecto.

Gerencia de amortiguadores - La regla del tercio

1	2	3	4	5	6	7	8	9	10	11	12

1	2	3	4	5	6	7	8	9	10	11	12	Amortiguador

Rick dibuja otra línea de doce rectángulos más angostos y añade un último rectángulo que ocupa aproximadamente un tercio de la línea. Escribe en él la palabra amortiguador mientras dice:

—Coloquen siempre el amortiguador de tiempo al final para proteger todo el proyecto.

Rick se vuelve hacia la clase y continúa:

—Lo que les sugiero es que se reúnan con sus equipos y discutan sus estimaciones de tiempo para cada tarea. Puede que tengan que hacerles algunas preguntas, pero tarde o temprano les dirán que sus estimaciones consisten en el tiempo real que creen que llevará realizar sus tareas, más la protección que creen que necesitan para protegerse de los problemas que puedan surgir. Ellos no inventan esos problemas. Se están protegiendo de cosas que ocurrieron en el pasado y causaron retrasos importantes, así que presten atención.

Ya han hablado del exceso de protección que la gente esconde en las estimaciones de tiempo de sus tareas, así que todos están de acuerdo.

—Está bien, ¿y luego qué? —pregunta Marc.

—Comunícales que a partir de ahora tú llevaras el control del tiempo de protección de todos, por lo que estás reduciendo sus tiempos estimados en un tercio. Dales tu palabra de que, si ocurre lo que les preocupa, acudan a ti y les concederás el tiempo extra que necesitan.

Marc quiere asegurarse de que lo entiende.

—Así que, en lugar de que cada equipo se aferre a los amortiguadores de tiempo que tiene ocultos, debería mantener un solo amortiguador, uno común para todos.

—Correcto.

Marc piensa en la regla empírica que acaba de describir el profesor. Por un lado, el amortiguador debe ser lo suficientemente grande para que su gente se sienta protegida frente a retrasos inesperados. Por otro lado, no debe ser tan grande como para fomentar la Ley de Parkinson y el síndrome del estudiante. Un tercio parece adecuado.

Rick quiere mostrarles el panorama completo.

—Una vez que el proyecto se pone en marcha, cada vez que uno de los equipos necesita más tiempo, se lo conceden, adelantan las tareas siguientes y deducen ese tiempo del amortiguador. Si ven que se ha consumido demasiado tiempo del amortiguador y no están cerca de terminar el proyecto, puede que tengan que tomar medidas correctivas, como asignar más personas al proyecto, recurrir a proveedores externos, etcétera, para acelerar las cosas y asegurarse de que cumplen con la fecha final de entrega. En aquellas ocasiones en las que no pueden hacer nada para rectificar la situación, al menos pueden alertar al cliente con antelación para que espere un retraso.

—Espere un momento —dice Marc—. ¿Puede explicar con más detalle qué hay que hacer cuando la gente consume completamente los amortiguadores?

—Por supuesto. —Rick se prepara para una larga explicación—. Cuando la gente se dirige a su jefe pidiendo más tiempo, lo primero que debe hacer el gerente es concederles el tiempo que han pedido. Eso es lo correcto para el proyecto y también lo correcto para mantener la confianza de la gente en que, si necesitan tiempo adicional, lo obtendrán.

«Eso es importante», piensa Marc. «Si el gerente no les concede el tiempo, prácticamente está garantizado que volverán a mantener sus amortiguadores ocultos en las estimaciones de tiempo y el flujo se irá al diablo».

Rick continúa:

—Pero un gerente sabio no se detendrá ahí. Tiene que distinguir entre la incertidumbre genuina y el desperdicio de los amortiguadores. Sabemos que se producirán retrasos inesperados, por eso establecemos los amortiguadores. Y si la gente pide más tiempo porque ha ocurrido algo inesperado, está bien. Pero si lo piden porque el tiempo se desperdició de alguna manera, hay que ser consciente de ello y procurar que no vuelva a ocurrir.

Rick toma aire y continúa:

—Comiencen su investigación preguntando cuándo se enteraron de que necesitarían más tiempo. Si lo supieron desde el principio, deberían haberles avisado en ese momento, cuando el retraso podría haberse evitado. La gente tiene que acostumbrarse a avisar a la gerencia en cuanto surgen los problemas. Tienen que acostumbrarse a los comportamientos que favorecen el flujo, y es responsabilidad del gerente hacerles rendir cuentas si no lo hacen. Lo mismo ocurre si descubren que el retraso se debe a que la gente estaba haciendo multitarea o descuidaron preparar el kit completo, etc.

Kiara dice:

—Así que, después de conceder el tiempo que la gente pidió tenemos que investigar qué causó el retraso, y si descubrimos que la gente no siguió los comportamientos esperados deben rendir cuentas por ello. ¿Qué más deberíamos buscar?

—Bueno, una de las cosas que los gerentes suelen encontrar, sobre todo al principio, es que el mismo problema causa retrasos en varios proyectos. Eso significa que tienen que plantearse resolver este problema con anticipación.

—Así que deberían añadirlo al kit completo. —Kiara completa la frase del profesor.

«Es una buena opción», piensa Marc. Con su tablero WIP en mente, no pierde de vista las cosas que deberían añadirse al kit completo. Pero muchas empresas no utilizan tableros WIP, o sólo los utilizan para supervisar las tareas, como hace Abbie. Es una buena idea que los gerentes al analizar el consumo de los amortiguadores averigüen si faltan elementos en el kit completo.

—Otra cosa que los gerentes a veces encuentran —continúa Rick—, es una persona u otro recurso que está ocupado hasta el punto de que empiezan a acumularse filas de trabajo delante de ellos. Estos casos también deben resolverse y hay varias formas de hacerlo.

Marc recuerda el uno a uno con Linda cuando ella le habló del esfuerzo que hace para gestionar su tiempo lo más eficiente posible. También hizo bien en pedir que la eximieran de ciertas tareas que podían realizar otras personas.

—Al vigilar de cerca los amortiguadores y reconocerle a la gente los comportamientos correctos, los gerentes se aseguran de que no se desperdicia el tiempo y que el flujo se mantiene veloz —sintetiza Rick.

Shonda quiere más detalles.

—¿Cómo vigilo de cerca al amortiguador?

—Supervisas el progreso del proyecto en relación con el amortiguador —responde Rick—. Deja que te enseñe.

Rick encuentra un espacio vacío en la pizarra y dibuja un gráfico que muestra el porcentaje de avance del proyecto en relación al porcentaje de consumo del amortiguador.

Estado del proyecto (Gráfico de fiebre)

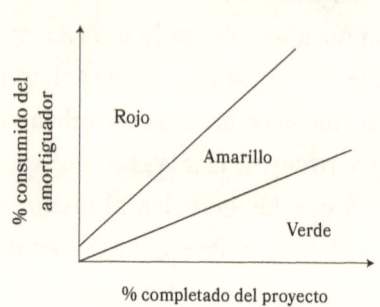

% completado del proyecto

—Este es un gráfico del estado del proyecto, o un «gráfico de fiebre», como lo llamamos a veces —explica Rick—. Como se puede ver, mientras se complete un porcentaje mayor del proyecto en relación con el porcentaje de amortiguador que se consume, estamos en verde y todo va bien. Cuando empiezan a consumir un porcentaje mayor del amortiguador entran en el amarillo. Tienen que ser conscientes de que pueden consumir todo el amortiguador antes de completar el proyecto, lo que significa que pueden entregar tarde. Por eso, cuando están en amarillo, es el momento de hacer planes de contingencia. Piensen cómo rectificar la situación si siguen teniendo más retrasos. Y si por casualidad están en rojo, entonces hay un riesgo real de que entreguen tarde. Es hora de poner en marcha los planes de contingencia que han ideado.

—De acuerdo, esto es útil —dice Shonda—. Aunque tengo que decir que preferiría controlar yo misma el consumo del amortiguador, no esperar pasivamente a que la gente venga a pedirme más tiempo.

—Por supuesto —afirma Rick—. Todos los días hay

que preguntar a las personas que trabajan en una tarea determinada cuántos días necesitan para terminarla. Si tienen cinco días más en el plan y dicen que terminarán en cinco días, entonces todo está bien. Pero si dicen que ha surgido algo y ahora necesitan ocho días para completar su tarea, ya sabes que consumirán tres días del amortiguador.

—Ya veo —dice Shonda—. Monitoreas el consumo de los amortiguadores al recibir «actualizaciones diarias de la duración remanente».

Rick quiere que la clase tenga una mejor idea de la escala.

—Para un proyecto de tres meses yo optaría por actualizaciones diarias de la duración. Pero si está previsto que el proyecto dure dos años, basta con obtener las actualizaciones de duración remanente una vez a la semana.

Antes de que los estudiantes hagan más preguntas, Rick quiere resumir.

—Empezamos asegurándonos de que nuestro proyecto está planificado en tareas de tamaño razonable. Luego usamos la regla empírica de un tercio para establecer el amortiguador.

Todo el mundo toma nota.

—Una vez que el proyecto se pone en marcha, controlamos de cerca el consumo del amortiguador, recibiendo actualizaciones diarias o semanales de la duración remanente. Cuando alguien se dirige a nosotros para pedirnos más tiempo, se lo concedemos, pero investigamos la causa del retraso y respondemos en función de lo que averiguamos.

Rick concluye:

—A medida que avanza el proyecto, esperen que se produzcan algunos retrasos y que se consuma una parte del amortiguador. Así son los proyectos. Mientras el tiempo que quede en el amortiguador sea razonable en relación con la proximidad de la finalización del proyecto, no pasa nada. Pero si el amortiguador se consume hasta el punto de que empiezan a preocuparse de que pueda poner en peligro la fecha de entrega, toman medidas correctivas. No tienen que inventar nada. Toman las mismas medidas correctivas que tomarían hoy cuando les preocupa terminar tarde. Solo que con amortiguadores tendrán que recurrir a estos medios con menos frecuencia y probablemente mucho antes.

Rick hace una pausa y añade con voz firme:

—Una advertencia. Si no controlan adecuadamente el WIP, no se molesten en supervisar los amortiguadores: con toda seguridad los consumirán. Lo mismo ocurre si siguen teniendo que parar y esperar por cosas porque no tienen el kit completo de forma sistemática o si no sincronizan las tareas o los recursos cuando deberían, etcétera. Gestionando el flujo conseguirán acortar el plazo de entrega y cumplir los requisitos de los demás proyectos. Vigilar los amortiguadores es sólo el mecanismo para asegurarse de que van por buen camino para terminar a tiempo.

Termina la clase y los estudiantes salen del aula. Marc se acerca al profesor y le pregunta si tiene un minuto.

—¿Por qué no me acompañas a mi próxima clase? — Rick coge su bolso y se dirige a la puerta.

—Claro.

Mientras caminan por el pasillo, Marc explica la situación.

—Mis proyectos duran unos tres meses, pero constan de tantos pequeños detalles que a menudo me llevan menos de un día.

Rick conoce bien la situación.

—¿Cómo acabaste supervisando tus proyectos a un nivel tan detallado?

Marc necesita un minuto para recordar.

—Cuando alguien comete un error de manera que provoca un retraso considerable, profundizamos y buscamos qué causó el retraso en el proyecto. Terminamos agregando más y más detalles a nuestros reportes de actualización para asegurarnos de no pasarlos por alto de nuevo. Con el tiempo, entramos en detalles cada vez más minuciosos, y en este momento, las listas que cubrimos en nuestros reportes de estado son bastante extensas.

—Entonces, lo que dices es que compruebas el estado de todos estos detalles para garantizar la responsabilidad y, básicamente, para protegerte contra los retrasos. ¿Se te ocurre otra forma de conseguirlo?

Marc deja de caminar. La gerencia de los amortiguadores que acaban de discutir es, sin duda, una forma mejor de prevenir los retrasos. Si pasa a supervisar sus proyectos en tareas semanales más amplias, todo lo que sus gerentes de proyecto tienen que hacer diariamente es solicitar actualizaciones de la duración remanente. Eso tomará minutos, en lugar de tener que revisar línea por línea las largas listas de reportes de estado.

No debería tomarse a la ligera la importancia de verificar

el estado de tantos detalles. Desde que tiene uso de razón, ha confiado en esos reportes para que su gente asuma sus responsabilidades. Pero, ¿realmente los necesita todavía? La mayoría de los errores fueron resultado del caos en el que operaban, pero ahora que evitan gran parte de las multitareas dañinas y tienen los kits completos, su gente puede concentrarse y comete menos errores. Ya no necesita controlar la mayoría de estos detalles, y se le ocurren otras formas de chequear a los que sí lo necesitan. Esperaba encontrar la manera de acortar el tiempo de las reuniones de reporte de estado, pero ahora parece que puede prescindir por completo de ellas. Los gerentes de proyecto pueden aprovechar el tiempo para resolver problemas. Diablos, ¡pueden aprovechar el tiempo para avanzar en los proyectos!

Marc da las gracias al profesor y continúa hacia su siguiente clase preguntándose cómo reaccionará su gente ante este cambio radical. Sonríe para sus adentros. Después de los últimos meses están acostumbrados a sus ideas poco ortodoxas. << Todo saldrá bien >>.

25

El tiempo de entrega se está reduciendo

Las semanas pasan y enero está a punto de terminar. Marc se da cuenta de que el tiempo de entrega de los proyectos se ha reducido significativamente. Completaron la mayoría de los diecinueve proyectos que mantenían en WIP y, en este momento, están trabajando en los proyectos que originalmente estaban congelados. Por supuesto, el tiempo de entrega varía, así que está pensando en promedios, pero parece que el tiempo que les queda para terminar los proyectos se redujo aproximadamente a la mitad. Marc se pregunta cuándo será el momento adecuado para hablar con su padre. Lo ha estado evitando desde su discusión sobre la compuerta cero. No quiere que le frene más de sus iniciativas y, para su alivio, su padre tampoco se ha esforzado mucho en hablar con él. Pero deberían hablar pronto. Marc sólo quiere esperar a que entreguen algunos proyectos más para que no le cuestionen los resultados. Deberían empezar a planificar cómo capitalizar los plazos de entrega más cortos. Incluso con amortiguadores, sus fechas prometidas de entrega son significativamente más cortas que las de todos los demás en la industria. No sólo están saliendo del atolladero, sino que el potencial de crecimiento es asombroso. Pueden participar en más licitaciones, quizá en las de mayor envergadura, que siempre habían evitado en el pasado. Pueden expandirse y abrir otro local. Diablos, pueden abrir unos cuantos más. Pueden comprar otras empresas de robótica en dificultades y darles la vuelta.

Pueden...

Suena su móvil. Marc no reconoce el número. La voz al otro lado dice:

—Hola, ¿hablo con el señor Wilson?

—Sí, soy yo.

—Llamo de la oficina de Paul Becker. Nos gustaría agendar una reunión para la próxima semana. ¿Le parece el jueves a las diez?

El nombre no es familiar.

—Lo siento, ¿quién?

El hombre al otro lado de la línea parece sorprendido.

—El Sr. Becker es el vicepresidente financiero de Laramie.

Una alarma se enciende en la cabeza de Marc. Su padre había mencionado que estaba hablando con Laramie sobre la posibilidad de venderles la empresa, pero eso fue hace más de tres meses y no ha vuelto a saber nada al respecto.

—¿Puede decirme de qué se trata esto?

Marc oye al hombre hablando con alguien al fondo.

—Se trata de la adquisición de su empresa, señor. Hemos completado nuestra debida diligencia. Nos gustaría reunirnos para cerrar el trato. El plazo de exclusividad está a punto de expirar.

Marc se queda atónito. Su padre está vendiendo la empresa a sus espaldas. No puede creer que se entere por casualidad porque el ayudante del comprador, o quienquiera que sea, llamó al Wilson equivocado.

—Deje que revise mi agenda y lo llamo —murmura Marc, y cuelga.

Marc se apresura hacia el despacho de su padre. La puerta está cerrada, pero no le importa interrumpirlo en medio de una reunión.

Al pasar junto a Sophia, ella le dice:

—No está aquí. Se tomó el día libre.

—Se tomó... qué? —Su padre no se ha tomado un día libre desde que tiene memoria.

—De hecho, ayer tampoco estuvo aquí.

«Era de esperarse; no hay razón para que venga si va a vender la empresa».

Marc le da las gracias a Sophia y llama al móvil de su padre mientras se dirige a su despacho.

Hacen falta varios timbrazos antes de que Isaac conteste.

—Sí, Marc.

—Tenemos que hablar.

—Sí, así es. Ven a cenar a la casa el sábado.

—No puede esperar.

—El sábado, Marc —dice su padre y la línea se corta.

Marc está fuera de sí. No puede hacer nada. Está en su

oficina mirando por la ventana. Las nubes son densas y grises.

Sí, su padre le dijo que estaba buscando un comprador, pero no dijo ni una palabra sobre firmar nada. Marc está cada vez más furioso. No han perdido ni un solo cliente desde Doolen. Marc se mató trabajando para mejorar la operación, ¿y para qué? Para nada. Al menos su padre le debía la cortesía de mantenerlo informado. Qué situación tan complicada, y sin razón aparente. Puede que los números aún no lo reflejen del todo, pero lo están haciendo mejor de lo que lo han hecho en mucho tiempo.

Abbie asoma la cabeza por la puerta. Se da cuenta de que algo está mal.

—¿Está todo bien?

Marc no soporta quedarse en la oficina ni un minuto más. Tiene que salir de allí.

—¿Quieres dar una vuelta conmigo?

Abbie se pregunta qué está pasando. No es propio de Marc salir de la oficina en mitad del día.

—De acuerdo. Deja que busque mi abrigo.

Salen en el todoterreno de Marc. La nieve del suelo tiene unos días y está mezclada con tierra. Marc no aparta la vista de la carretera mientras conduce sobre placas de hielo y charcos de nieve medio derretida. Se dirige a las afueras de la ciudad.

Abbie se sienta junto a Marc en silencio, dándole tiempo. Hablará cuando esté preparado.

Al cabo de un rato, Marc dice:

—Tengo que decirte algo y necesito que me prometas que no dirás ni una palabra a nadie.

—De acuerdo.

—Mi padre está vendiendo la empresa.

—¡¿Qué?! —Abbie está atónita—. ¿Por qué? Siempre supusimos que te harías cargo cuando se jubilara. ¿Y por qué ahora, cuando estamos cambiando las cosas? ¿Qué estoy pasando por alto?

Marc mira a Abbie brevemente y luego mira de nuevo a la carretera.

—Yo también me pregunto lo mismo.

—¿Qué quieres decir? ¿Qué te dijo?

Marc le cuenta cómo se enteró.

—Una cosa es segura, no me voy a quedar. No voy a trabajar para ellos, aunque me pidan que me quede.

Abbie empieza a preguntarse si debe preocuparse por su trabajo. Probablemente no, ya lo pensará más tarde. En este momento siente que necesita estar ahí para Marc.

—Entiendo por qué querías salir de la oficina. —Le pone la mano en el hombro para consolarlo. Luego, tímidamente, retira la mano.

Conducen en silencio por más de una hora. Está oscureciendo. Abbie está relajada, mirando por la ventana. Marc siente que su tensión empieza a desaparecer lentamente. Mira a Abbie, esperando que ella no se dé cuenta. Está preciosa. Es agradable estar con ella en el automóvil.

Entran en otra ciudad.

—¿Quieres parar en algún sitio? —pregunta.

—Sí, será bueno estirar las piernas.

Se acercan al centro de la ciudad. Los elegantes faroles están encendidos, lo que contribuye a crear un ambiente agradable. Marc encuentra un sitio libre. Se detiene y salen del todoterreno. Está helado afuera. Caminan un rato. Marc nota que Abbie tiene frío. La abraza para darle calor.

¿Es apropiado? No podría importarle menos.

Abbie se acerca a él. Ella se gira para mirarle y levanta la vista. Marc levanta el otro brazo para abrazarla más cerca. Sus ojos se cruzan. El beso es exactamente como lo había imaginado.

De vuelta en el todoterreno, Abbie mira a Marc y le dice:

—Sabes que no podemos. Trabajamos juntos.

Marc vuelve a la realidad.

—No por mucho tiempo.

$\equiv 26 \equiv$

¿Cómo empezar?

Temprano el sábado por la mañana, Marc está de muy mal humor; simplemente siguiendo la rutina en el gimnasio. Necesita pasar el tiempo hasta que se vea con su padre. No tiene ganas de ir a ninguna parte, pero no soporta la idea de contar las horas en su apartamento. Mejor se va a la universidad.

—Para la tarea final —Rick comienza la clase y va directo al grano— quiero que hagan un análisis completo de la aplicación de las reglas del flujo en su entorno multiproyecto.

Todo el mundo se pone a hablar, a hacer preguntas, a rogar y a suplicar. Ocurre todos los años. Rick no se inmuta. No saben cómo empezar.

Para ayudar a calmar los ánimos, Rick dice:

—Todos queremos lo mismo. Queremos pasar de una realidad en la que tenemos retrasos frecuentes, donde las cosas se eternizan y estamos constantemente haciendo multitareas, a una realidad en la que los tiempos de entrega sean mucho más cortos y el caos desaparezca. Discutamos sobre cómo facilitar esta transformación.

Finalmente, la clase está en silencio.

—Ya saben que, si no reducen el WIP, la multitarea continuará, causando retrasos y largos tiempos de entrega. Así que, de una forma u otra, tendrán que reducir el WIP. Para hacerlo, primero tienen que tener claro qué unidades de flujo utilizan para describir el WIP. ¿En qué tipo de proyectos o elementos de proyectos están haciendo multitarea? Marc, utilizas los términos «proyectos» o «proyectos de desarrollo», y Kiara, hablas en unidades de «paquetes de trabajo».

—En nuestra empresa sólo tenemos un proyecto: el *software* que estamos desarrollando. Hacemos multitarea entre «las funciones» —dice Charlie.

Rick se vuelve hacia Ted.

—Dijiste que tu empresa tiene catorce proyectos de construcción y eso es un hecho. Así que para reducir el WIP, obviamente no congelarás las obras. Me pregunto cómo llaman a las «unidades de finalización» o «unidades de flujo» cuando hablas del progreso de la construcción. Recuerda que no nos importa la productividad de un solo trabajador, sino cuáles son las unidades que deben avanzar más rápido para mejorar el flujo de todo el sistema.

Ted no contesta. Está demasiado ocupado pensando en cómo eludir la colosal misión que acaba de caerles encima.

Olvídalo. Rick asume que los estudiantes captan la idea.

—Una vez que determinen las unidades de flujo entre las que su gente hace multitareas, pueden contemplar cómo reducirlas en el WIP. Siguiendo lo que discutimos en clase, hay algunas estrategias a considerar. La estrategia más frecuente es la que utilizó Marc. Congelar un gran porcentaje de los proyectos y mantener en el WIP los que están a punto de completarse, o los que tienen mayor prioridad. La multitarea disminuye significativamente y sigues controlando el WIP sobre la marcha. Cuando un proyecto se completa, uno nuevo entra en el WIP.

—¿Y si congelar proyectos deja a algunas personas sin nada que hacer hasta que su proyecto vuelva al WIP? —pregunta Shonda.

—Todos deberían participar en asegurar que el flujo continue avanzando. Nadie se queda al margen. Si no pueden ayudar en otros proyectos, asígneles que ayuden en la preparación del kit completo.

No hay más preguntas, así que Rick sigue adelante.

—En proyectos internos, como los departamentos de TI, es probable que consideren una estrategia diferente: el triaje. Al identificar y eliminar los proyectos con poco valor, prácticamente consiguen el mismo objetivo: reducen el número de proyectos en el WIP.

—Si me lo permiten, me gustaría añadir algo —dice Kiara—. Descubrimos que el triaje no consiste sólo en eliminar paquetes de trabajo de poco valor. También se nos ocurrieron nuevas ideas de alto impacto que deberían tener máxima prioridad.

—Qué interesante. ¿Puedes darnos un ejemplo?

—Claro —dice Kiara—. Cuando estábamos revisando las largas listas de paquetes de trabajo en nuestro WIP, nos dimos cuenta de que estábamos manteniendo literalmente cuatro generaciones del *software* del banco. Cada cierto tiempo, introducíamos un *software* nuevo, pero manteníamos el anterior, principalmente como respaldo, pero también porque algunas funciones trabajaban mejor en la versión anterior. Mantener cuatro plataformas es un esfuerzo enorme que consume muchos recursos y presupuesto. Por eso, nuestra prioridad es asegurarnos de que el *software* nuevo esté a la altura y podamos dejar de utilizar todas las generaciones anteriores. Una vez hecho esto, reduciremos considerablemente nuestro WIP.

—¡Excelente idea! —elogia Rick a Kiara y continúa—: Hemos cubierto dos estrategias para reducir el WIP, pasemos a la tercera. En los entornos de proyecto en los que hay una gran cantidad de integración y la gente está constantemente atascada porque faltan cosas, tiene sentido empezar con el kit completo. La construcción es un ejemplo clásico de este tipo de entorno, por lo que no es de extrañar que Ted prestara especial atención cuando llegamos a este tema. En esta estrategia sólo sigues trabajando donde tienes el kit completo y todo lo demás queda en espera, lo que también significa que reduces el WIP. Preparas los elementos que faltan para los kits completos y poco a poco vuelves a meter el proyecto en el WIP.

Charlie dice:

—Para conseguir que el flujo se mueva más rápido, supongo

que a Ted también le gustaría acabar con menos proyectos de construcción en WIP. Así que es lógico que priorice el orden en el que devuelve las unidades totalmente equipadas al WIP de forma que se facilite la finalización de los proyectos.

—Ya lo creo. —Rick se alegra de que empiecen a desarrollar la intuición del flujo.

La cuarta estrategia que me gustaría mencionar —prosigue Rick— es relevante en los entornos de proyecto que obtienen malos resultados y en los que la gente tiene que arreglar los mismos problemas una y otra vez. En estos casos, la dosificación es probablemente la estrategia preferida para controlar el WIP.

—De acuerdo —dice Shonda—, elegimos la estrategia más relevante para nuestra operación y recortamos el WIP. ¿Qué ocurre después?

Rick sonríe.

—¿Recuerdas que poco después de que Marc congelara la mitad de sus proyectos surgió la necesidad del kit completo? Así es como funciona siempre. La multitarea crea tales turbulencias en el flujo que es muy difícil ver más allá. Pero en cuanto reduces el WIP y la multitarea disminuye, el verdadero flujo se ve con claridad. Podemos ver qué otros obstáculos hay que eliminar y de qué otras cosas hay que ocuparse. Simplemente mantén los ojos abiertos y presta atención al progreso de tus proyectos. Puedo decirte que a menudo es necesario cambiar las funciones y responsabilidades de algunas personas clave y, por supuesto, si tienes que proteger tus plazos, coloca amortiguadores adecuados y vigílalos de cerca.

Hasta ahora, Marc ha seguido la clase sin mucho interés, pero hay algo que quiere saber.

—¿Podemos volver un momento al punto de reducir el WIP? —pregunta—. ¿Cómo sabemos cuántos proyectos debemos tener en nuestro WIP?

Rick ha estado esperando esa pregunta. Ya era hora de que alguien la planteara.

—¿Recuerdas que discutimos qué cambios ocurren cuando tenemos el trabajo más compacto, con menos interrupciones?

—Sí, dice Marc —dibujó esa ilustración de la gente que necesita ayuda de los directivos y expertos cada vez que se encuentran con un problema que no pueden resolver por sí solos.

—Exacto —dice Rick—. Los directivos y expertos suelen ser el recurso más valioso de la operación y también el más escaso. Lo que significa que son los más demandados. Son las restricciones, los recursos con menor capacidad del sistema.

—¿Y? —pregunta alguien.

—¿Y qué pasa si los gerentes o los expertos no pueden ocuparse a tiempo de todos los asuntos que requieren su atención? —replica Rick con una pregunta.

Kiara lo sabe.

—Las filas empezarán a acumularse delante de ellos y la gente tendrá que esperar. Eso ralentizará el flujo.

—¿Y qué te dice eso"? —Rick insiste.

Marc ve por dónde va el profesor.

—Eso puede indicar que hay demasiados proyectos en WIP.

—Correcto. No tiene sentido tener largas listas de problemas esperando a que los gerentes y expertos los resuelvan. El número de proyectos que pueden gestionar eficazmente es el número de proyectos que debemos tener en nuestro WIP.

—Ya veo. —Kiara se hace una idea. —Si estos expertos tienen tiempo libre podemos añadir más proyectos al WIP, pero si empiezan a acumularse montones de problemas para que los resuelvan, sabemos que hemos llegado al límite del WIP.

—De momento, considéralo tu límite WIP y esfuérzate por encontrar los demás obstáculos que tienes que eliminar y los demás cambios que tienes que hacer para que el flujo siga ocurriendo, para que las tareas avancen. En poco tiempo completarás un montón de proyectos que estaban en sus últimas fases, y para entonces las cosas empezarán a calmarse. Te acostumbrarás a controlar el WIP, a preparar kits completos, etc., de forma continua.

Algunos asienten con la cabeza, otros siguen pensando.

—En el futuro, habrá presión para aumentar el número de proyectos en el WIP —dice Shonda.

Rick está de acuerdo.

—Para aumentar la capacidad de tu sistema tienes que enfocarte en las restricciones. En primer lugar, identificar a esas pocas personas que son, de hecho, la restricción de tu sistema. Después, averiguar cómo explotar esa restricción: cómo aprovechar mejor su tiempo.

—Esas personas suelen ser las más receptivas; las que están más que dispuestas a ayudar —dice Shonda—. Cargan mucho sobre sus hombros. Tiene que haber una forma de que deleguen al menos algunas de sus responsabilidades.

—Sin duda, por ahí hay que empezar —coincide Rick—, pero

hay más. Estos expertos son los que tienen más experiencia e intuición. Ahora mismo se dedican a apagar fuegos y resolver problemas en los proyectos que ya están retrasados o a punto de estarlo. En adelante, estos expertos deberían involucrarse cada vez más en las primeras fases de los proyectos. Así podrán anticiparse a muchos de los problemas y prevenirlos.

Marc lo entiende.

—Los expertos deben participar en el la preparación de los kits completos de los proyectos.

—Cuanto más se involucren en la preparación de los kits completos —explica Rick—, menos problemas surgirán en el futuro. Lo que significa que ellos pasarán mucho menos tiempo apagando fuegos y así puedes añadir más proyectos a tu WIP.

Rick no se detiene ahí.

—En este momento, si te falta personal, puedes encontrar más gente que se encargue de tus proyectos. Estas personas son más fáciles de encontrar y menos costosas que los expertos.

—Es casi imposible encontrar más expertos—dice Kiara.

—No tienes que salir a buscarlos —responde Rick—. Tus expertos dedicarán un gran porcentaje de su tiempo a analizar los próximos proyectos y en la preparación de los kits completos. Consigue gente buena que los ayude. Eso no sólo hará que el trabajo de los expertos sea más eficiente, sino que es la mejor manera de hacer crecer a tus próximos expertos desde dentro.

Marc no puede evitar pensar: «Qué gran oportunidad de crecer. Para las empresas que se lo toman en serio, que tienen la disciplina para seguir adelante y la confianza para soportar este asombroso cambio cultural, ni siquiera el cielo es el límite». Lástima que no vaya a poder aplicarlo en la empresa familiar. Venderla a estas alturas es una pena.

Los estudiantes hacen algunas preguntas más sobre su tarea final. Rick sabe que es mucho trabajo. Para aliviar la presión les dice:

—Tendrán el resto del año escolar para trabajar en eso.

Los estudiantes exhalan aliviados y Rick añade:

—Para contrarrestar el síndrome del estudiante, en la próxima clase voy a elegir a uno de ustedes para que presente su análisis inicial.

27

El plan de contingencia

Marc está llegando a casa de sus padres y ve un automóvil de alquiler estacionado en la entrada. Seguramente Sam está allí. Tiene sentido, su padre quiere darles la noticia de la venta de la empresa a ambos. Por eso no quería hablar con él por teléfono. Marc siente que su ira crece de nuevo. Eso es lo que su padre consideraría justo.

Marc entra en la casa y percibe los suculentos olores que salen de la cocina. Antes de que pueda quitarse el abrigo, su sobrina salta sobre él y lo abraza.

—Ya era hora. Te estábamos esperando.

—¿Qué haces aquí?

—El abuelo dijo que debíamos venir, así que cogimos un avión y vinimos. Está hablando con mamá en el estudio.

Marc se dirige al estudio con un nudo en el estómago.

—Pasa, Marc. —Isaac no tiene buen aspecto.

—¿Sabías de esto? —grita Sam en cuanto ve a Marc—. ¡¿Sabías que papá está enfermo?!

—¿Papá está qué?

—Está gravemente enfermo. Y no se molestó en decírnoslo, ni en hacer nada al respecto.

—Cariño, sé que estás molesta, pero te lo estoy diciendo ahora —dice Isaac en voz baja y se vuelve hacia Marc—. Siento no haber podido hablar contigo el otro día. Estaba en el hospital y el médico acababa de entrar para decirme que querían ingresarme para hacerme más pruebas. Quería saber a qué atenerme antes de que habláramos. —Isaac continúa explicando lo que dijeron los médicos.

—¿Cómo que no hay tratamiento? —Insiste Sam—. ¡Tienes que luchar pase lo que pase!

Isaac es amable pero firme.

—He hecho las paces con el hecho de que estoy enfermo. No hay nada que pueda hacer al respecto. Pero aún me queda algo de tiempo, y lo que haga con él es mi elección.

Marc se queda boquiabierto. Cuando se da cuenta de que sigue en pie, se sienta, sin decir palabra.

—¿Y mamá? —pregunta Sam.

—Sabes que quiero mucho a tu madre y he dejado todo en orden. Lo que me gustaría hacer ahora es dejar de trabajar y pasar el tiempo que me queda con ella.

—¿Qué me dices de la empresa? —Sam sigue preguntando.

—Lo decidiste hace mucho tiempo, Sam —le recuerda Isaac—. Y como deseabas, recibirás tu parte, pero no participarás en ninguna decisión de gerencia.

Esa fue su elección. Que su padre la entrenara para dirigir la empresa significaba que tenía que estar cerca de él y seguir sus indicaciones, y eso no le interesaba. Ella necesita tener el control.

—Voy a ver a mamá.

Isaac se vuelve hacia Marc.

—Por algo me he mantenido alejado últimamente, hijo. Quería darte espacio para probar esta nueva forma de hacer las cosas.

Marc finalmente puede hablar.

—Funciona bien. Al menos escúchame, déjame que te lo cuente.

—Lo sé —continúa Isaac—. Aunque te di espacio, seguí de cerca las cosas y estoy muy impresionado por los cambios que has hecho en tan poco tiempo. Aún es pronto, pero está claro que estás en vías de un enfoque mucho mejor de gestionar nuestros proyectos.

Isaac levanta la mano, indicándole a Marc que tiene algo más que decir.

—Cuando empezaste, no estaba nada seguro de que fueras a conseguirlo. De hecho, tu madre tuvo que recordarme que debía confiar en tu intuición. Tienes que saber que entonces hice un plan de contingencia. Laramie está interesado en comprarnos. Deberías tener noticias de ellos pronto porque la cláusula de exclusividad que firmé está a punto de terminar. Para no ocultar ninguna información, les dije que estás haciendo algunos cambios significativos en el departamento de ingeniería que podrían afectar los números finales. Acaban de comunicarme que completaron la debida diligencia y les di tu número. La empresa es tuya ahora. Estoy aquí para ayudar, pero si vendes o te quedas con la empresa es tu decisión.

Marc sonríe.

—Me pregunto qué dirán cuando se enteren de que los cambios en ingeniería no sólo afectan las cifras, sino la naturaleza del acuerdo. No estoy buscando un comprador, estoy buscando un inversionista.

≡ Evite la multitarea dañina; controle su WIP.

≡ Si no quiere quedarse atascado, verifique el kit completo antes de poner en marcha el proyecto.

≡ Clasifique (triaje) para asegurarse de que está trabajando en las prioridades correctas.

≡ Garantice la sincronización entre tareas, personas y recursos.

≡ Si frecuentemente vuelve una y otra vez a los mismos proyectos y no obtiene los resultados deseados, considere la opción de aumentar la dosis.

≡ Evite retrabajos innecesarios identificando las causas del mismo.

≡ La estandarización es recomendable cuando improvisar resulta costoso.

≡ Elimine el óptimo local; lo importante es el óptimo global.

≡ Referencias

1. *La Meta* se publicó originalmente en 1984.
   Goldratt, Eliyahu M., Cox, Jeff (2023). *La Meta: un proceso de mejora continua*, edición del 40ª aniversario, North River Press.

2. Goldratt, Eliyahu M. (1997). *Critical Chain*, North River Press.

3. Este artículo se publicó originalmente en el número de diciembre de 2008 de *Diamond Weekly*, Japón. Se añadió a *La Meta* en la edición del 30° aniversario.

   Goldratt, Eliyahu M. (2024). *Sobre hombros de gigantes*. En Goldratt, Eliyahu M., Cox, Jeff, *La Meta: un proceso de mejora continua*, edición del 40ª aniversario, North River Press.

4. Goldratt, Eliyahu M., Goldratt-Ashlag, Efrat (2010). *The Choice*, edición revisada. North River Press.

5. Ley de Little en proyectos: Rendimiento * Tiempo de entrega = WIP.
   Wikipedia. La Ley de Little. Recuperado en octubre de 2021, de
   https://en.wikipedia.org/wiki/Little%27s_law

6. Enfoque es el concepto principal de la Teoría de las restricciones.
   Goldratt, Eliyahu M. *Introducción a T.O.C. Mi perspectiva*.
   Cox, J. F., Schleier, J. G. (2010) *Theory of Constraints Handbook*, McGraw Hill.

7. La Ley de Parkinson es un fenómeno bien conocido que debe tenerse en cuenta en entornos de proyecto.
   Parkinson, Cyril Northcote (1955). *La ley de Parkinson*.
   The Economist, 1955.
   Fowler, Elizabeth M. (1957). Ahora es la ley: Las nóminas crecen.
   The New York Times.

Otros libros de TOC de North River Press

La Meta

La Meta, una novela gráfica empresarial

No es cuestión de suerte

Cadena crítica

La Decisión

¿Qué, no es obvio?

Necesario, pero no suficiente